中国创业智库丛书

钱程

8招让你成为创业达人

Qian Cheng

赵延忱◎著

华夏出版社
HUAXIA PUBLISHING HOUSE

图书在版编目(CIP)数据

钱程:8招让你成为创业达人/赵延忧著. - 北京:华夏出版社,2010.6
(中国创业智库丛书)
ISBN 978 - 7 - 5080 - 5828 - 3

Ⅰ.①钱… Ⅱ.①赵… Ⅲ.①企业管理 - 研究 Ⅳ.①F270

中国版本图书馆 CIP 数据核字(2010)第 115976 号

钱程——8招让你成为创业达人
赵延忧　著

策划编辑：陈小兰
责任编辑：姬利敏
出版发行：华夏出版社
　　　　　　（北京市东直门外香河园北里4号　邮编：100028）
经　　销：新华书店
印　　刷：北京世界知识印刷厂
装　　订：三河市李旗庄少明装订厂
版　　次：2010年6月北京第1版　2010年7月北京第1次印刷
开　　本：670×970　1/16 开
印　　张：15.25
字　　数：159 千字
插　　页：1
定　　价：29.00 元

本版图书凡印刷、装订错误，可及时向我社发行部调换

目　录

001　向我的读者致敬！

004　**序　言**
　　创业起步的"四要四不要"

001　**第一个问题**
　　确定创业项目，是一个实践过程

017　**第二个问题**
　　好项目来源之一："生"出来

069　**第三个问题**
　　好项目来源之二："选"出来

第四个问题

091 好项目来源之三:"拿"过来

第五个问题

105 创业资金解决之"道"

第六个问题

147 在模拟中完成对项目的把握

第七个问题

167 创造新企业成活的三个条件

第八个问题

183 创业销售的"点规模渗透"模式

向我的读者致敬!

我的读者都是敢于创业的人,都是想通过创业实现自主、自立、自强的人,都是我的同类。所以我向他们致敬!

创业靠你自己,靠你自己的本事。本事是练出来的。所以,找到一个适合自己的,并能依靠自己的某些资源及小额资金启动的项目,从小做起来,是最最重要的!!!

与干的实践过程同步,是你增长本领的过程,在增长本领的过程中,把项目做起来,站住脚。

总之,创业能不能成,靠你自己。但是,如果有得道之人点化一下,告诉你怎么练,就像武林高手那样,有师傅指导那么三招两式,点出精髓所在,情况就不一样了。

是《民富论》的影响,把我推到了能够指导别人创业的位置上。是《民富论》对创业规律的探索,使我具备了指导别人创业的底气。

在近十年的时间里，我用不同方式指导的创业项目有多少？我是说不清楚的。本书是根据有记载的策划案、信件及报道等已形成案例的文字整理而成的。

这些创业项目的来源，有的是读者找上门的；有的是朋友介绍的；有的是演讲后认识的；有的是各种"项目评估会"接触到的；有的是媒体拿来让我"回答"的；有的是企业家俱乐部委托的。

我把这些故事按照创业的实际进程进行了编排。

——比如，在创业的起步阶段，包括了在创业开始前，该做什么与不该做什么；在项目选择上，哪些可以做哪些不可以做；对于选定的项目，如何通过解剖以实现理解，在理解中发现项目要素中最重要的问题。

——再比如，如何对待资金问题，我坚决反对"计划书融资"的思维和做法，因为这注定是死路一条。以及如何利用自己的资源，用小额资金启动。在创造出项目优势后寻求合作。

——再比如，在运作项目的过程中如何从小做起，在探索中前进，实现对要素综合的系统与过程的控制，首先创造出站住脚的条件。

——再比如，在产品销售上不能沿袭大企业的做法。要从创业企业销售特殊性出发,在低成本可持续中创造营销的基础。集中做一个点,用渗透方式追求终端铺货量等。

在每一个真实故事的介绍后,我会一针见血、确切无疑地指出:"只能这样,而绝对不能那样。"并会言简意赅、透彻清晰地说几句"为什么要这样"的道理。

现在,我找到了一个对想创业的读者更好的表达方式,即把我指导过的创业的故事,融入到我的创业之"道"中,把讲道理与"指导的故事"相结合。这样,我的读者,既可以对"道理"有深刻的理解,又可以通过故事受到启发,打开眼界,找到可借鉴的办法和有价值的思路。

序言

创业起步的"四要四不要"
——规律的指导作用

一、从小做起干起来，不要纸上谈兵；

二、花气力选好项目，不要组织团队；

三、寻找项目的命根，不要寻找资金；

四、培育项目的优势，不要先摆阵势。

关于创业的基本问题

在《民富论》揭示的创业五大规律中，前两个规律——创业者之"魂"与项目之"根"，对创业来说具有基础和决定作用。这是在探索规律中发现和确立的"创业的基本问题"。它是对创业这个事物起主导和决定作用的问题，是创业的全过程中最稳定和最一贯的问题。因而是创业的基本问题。

——"魂"是针对创业主体而言的，即创业者本身所具备的真正的创业资本。这个资本区别于任何形态资本的独立存在，故被称"灵魂资本"。它是最具资本性质的真实存在。理论表述为：创造性地整合资源的资格；通透和把握项目的能力；理解和运用规律的本领。通俗表示是：创业者的"本事"。

——"根"是对主体的对象而言的,即创业项目本身的"生命基质"(高质量基因)。是项目中一切物质形态资本的根本,故被称为"资本之根"。理论表述为:可以吸引其他社会成员与之交换的资源;扎根于恒久需求与未来的大势之中的真实品质和效用;由综合而成的难以复制的竞争优势。通俗表示是:项目的"优势"。

"魂"与"根"同步发生,相互包含,相互依存,相互创造对方。这里仅仅说创业基本问题对创业起步的作用。

基本问题对"项目"的规定

灵魂资本是创业者的本事,本事从哪儿来,唯一的来源是创业的实践。所以,"从小做起干起来"是最最重要的。离开"干"的实践过程,说什么都没用。

干什么？首先就是项目发生与选择的实践过程。寻找、发现项目能够生存的基因,创造、培育项目能够站住脚的优势——这,就是"根"的产生。与这个过程同步,即在寻"根"的过程中,才可能逐渐地完成对项目的理解、通透和把握——这,就是魂的产生。"魂"与"根"在选择项目的实践过程中同步产生。

可见,选择项目的实践过程,是创业者"本事"与项目"优势"产生的绝对条件。由此引出:创业教育首先要正确回答与项目选择有关的一系列问题。离开这个问题，说什么都没用！！！

　　项目的选择是创业的开始，但这个开始该如何开始，是被过程中的规律所规定了的：一个项目能够站住脚活下来，一定是有它的某种优势、特色的，这个东西一定要在最开始就被创造性地解决。不解决好这个问题，一切都将无从谈起。

　　如何解决？值得说道的问题很多。

　　——好项目的来源问题。是"生出来"，让项目创造性发生；还是"选出来"，在现有项目中选择；还是把别人的好项目"拿"过来。仅仅是让有特色和优势的项目创造性地发生，就至少有12种思路或12个地方。

　　——思维局限性的问题。在项目问题上，最显著、最普遍的问题是创业者的视野狭窄。一要创业就想到开店。我归纳出来的"18个局限"框住了他们的眼界，一旦打开了眼界，许多好项目都会让你相见恨晚，激动不已。

　　——选择项目的标准问题。看好了几个项目却不知道该做哪一个。这就需要知道有些项目是不能做的，为此我归纳了"18种情况"。不论什么项目，只要碰到其中一种"情况"，就要排除掉。

　　——对待项目的观念问题，如立足长远的观念。选择项目的标准之一是能够长期做下去。因为，项目的成长和发育是自然过程，创业者对项目的理解与把握是历史过程。两个过程的统一，决定了做好一个项目必然需要一段很长的时间。

——找到项目关键的问题。决定做一个项目之后，就可以立即动手做吗？不行。还要解剖并发现它的构成要素，在若干要素的关系中发现起决定作用的一两个。解决它，测试它，把握它。然后才是最小规模的试探性启动。

对于想创业的人，找到有"根"的、能依靠自有资源小规模启动的项目，是第一重要的。而所谓创业领域权威的洋教授，显然是没有过创业的经历，也不知道创业的首要与重要问题是项目，而是在所谓的"实战模块"中，讲已经存在的企业的业务，诸如"接受订单"之类，讲"提高管理能力"，讲提高"社会学、心理学的素质"，这就好比宫外孕的问题还没解决，就研究你的孩子该读哪所大学。

基本问题对"资金"的规定

基本问题告诉我们：决定创业开始、过程、结果的是创业者的本事和项目的优势。对成败而言，首要的、主要的、起决定作用的不是资金。资金，对资本之灵魂——创业者的本事而言，仅仅是诸多要素之一。对资本之根——项目的核心优势或生命基质而言，仅仅是诸多从属之一。没有"本事"和"优势"，多少钱也没用。

蒂蒙斯认为"创业就是融资，融到资金企业就能高速发展"。他教育创业者，创业的首要问题是"计划书融资"。这样的认识表明他：

——完全不懂创业的本质是创业者蛹化为企业家的浴火重生的自我再造，而不是靠资金去组合要素；无视古今中外的企业家，无一例外都是白手起家的事实；无视凭一纸计划书就能找到资金，在这个地球上绝无先例的事实。

——完全不知道项目与资金是有条件的相互需要的事实：项目需要资金，但在项目发生与选择、核心资源培育与形成的过程中并不需要，或不需要很多资金。资金需要项目更是有条件的，即一个很优秀的企业。为什么呢？在投资人眼中的项目，一定有前期投入，有运作过程，在过程中显示出特殊优势——不是写在纸上的，而是被市场证明的：客户多少，销售额多少，利润率多少？——这已经是企业了。只有在这个基础上，才能够进入"风投"之类的职业金融机构的视野。

这样教育的结果：

——违背了创业只能从小做起，靠自有资源起步，在磨炼中增长才能的创业之路；

——让创业者的时间与精力耗费在"纸上谈兵"上，让所有的创业项目永远停滞在资金面前；

——由此产生的"融资公司"，用"考察项目"和"代写计划书"等名义，把创业者的资融去了。

基本问题对"团队"的规定

基本问题中的"魂"，是由核心人物做载体的，核心人物"魂"的有无、含量的多少、对要素作用程度的大小，是创业成败的决定性因素之一（另一个是"根"）。

项目的优势问题、核心技术问题、资源整合问题、市场目标问题、通路选择问题及运营模式问题等，都不是人多就能办成的。没有核心人物及其灵魂资本的含量，多少人也没用。团队，只能是核心人物功能的延伸；团队，只有在具备核心人物的条件下才有意义。

一提创业，众口一词地教育创业者：在创业之始要组织"团队"。"团"个什么"队"呀？你要打群架、拉杆子、起绺子、当土匪吗？拍电视剧行。

——这个说法是蒂蒙斯面对创业这个话题，没话可说硬憋出来的。团队是一伙人，做媒体不要一伙人吗？办大学不要一伙人吗？怎么《传播学》、《教育学》不说团队呢？因为人（一伙人）是一切事物的主体，是从事任何事情的既定前提，因而是不言而喻的。

——而创业，特别是创业开始，恰恰就不需要一伙人。顶顶重要的是：发生、寻找、打造、培育、检验、证明一个项目的优势。没有它，多少人都没用！拥有它，又绝对不是人多就能办到的，因为这是一个创造与探索的过程。永恒的真理是任何创造性思维都是独立完成的。

——创业不是不需要一伙人。创业的核心是"业"。团队，是随业务的发生而发生，随项目的成长而成长的自然现象。什么时候用人，用什么人，都由"业"决定。如果"业"还在酝酿、探索、不稳定之中，团队的发生不仅没有根据，而且只能把事情搞乱。

结论：没有核心人物的团队，肯定是一盘散沙。不是自然发生的团队，注定是乌合之众。没有项目优势的团队，必定是散伙了之。

基本问题对"起步"的规定

资本之根——项目的内在特性与优势，是创业的决定性因素，必须在创业开始的时候下气力创造性地解决。因此，创业起始，要把精力的分分秒秒、资金的分分角角，全部用到事关项目存亡的最关键的地方。

而舶来品的创业教育，却告诉我们的创业者，在创业开始，不仅要纸上谈兵写计划书、找资金、建团队，还要首先解决以下问题：

——"经济组织的合法性问题"。说白了，就是要先登记、注册、办执照、写章程、刻印章、挂牌子之类。

——"创建企业的诸多条件问题"。说白了，就是租房子、安电话、买电脑、设置部门、配备办公用品之类。

这些事情，对于把项目做起来站住脚、让新企业活下来有什么作用呢？很多创业团队，把这些事情都做完了还干什么呢？通常是研究如何散伙的事情。

为什么要让创业者先做这些事情呢？其实，这是舶来品的创造者，面对创业这个问题无话可说，硬憋出来的废话，这就如同"团队"之说一样：

——难道想创业的人们还找不到工商局的大门吗？

——是有"业"可"营"的时候才需要"执照"，在创业开始的相当长的时间内，在寻找项目和培育项目优势的过程中，是无"业"可"营"的。

——抱个营业执照当"委任状"有什么意义呢？

总之，基本问题对创业之始的规定是：把选择项目作为一个实践过程，在这一过程中，发现、寻找和培育项目的"根"。在"根"生成的过程中，完成对项目的理解、通透和把握，产生创业者的"魂"。

如果刚迈进创业门槛就先拉架子、摆阵势、铺摊子，这无疑是在"无"的状态中就埋下了"败"的种子，是在"务虚而不务实"中把有限的资源消耗了，把失败预先设定了。

诸如此类的误导，还有创业要"高起点、大规模、快速度"，"创业无规律、无过程、无主体"等。由此产生了对创业者的一系列误导，有多少？我在《什么是创业资本？》一书中归纳了12个。

创业确有其"道"

创业有"道"。但不是融资、不是商机、不是管理，也不是学法律、讲素质、组织团队演大戏。

创业更不是办执照、租房子、写计划书搞形式。不能那样找资金，不能高起点、大规模、快速度，不能搞正规化。

创业是实干，是梦想燃烧起奋进的激情，是智慧引领创造并有序前进的理性，是整合资源驾驭要素的资格，是通透和把握项目的能力。

创业是从小做起"动"起来，是找到根子"干"起来，是创造生存条件"活"下来，是稳定模式"转"起来。

第一个问题

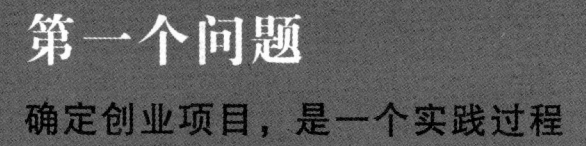

确定创业项目,是一个实践过程

"确定创业项目"是一个"过程",并且是深入"实践"研究考察的过程。

第一个问题　确定创业项目，是一个实践过程

过程是指事物在时空延伸中的变化，以及变化中所呈现出的形态特征。

"确定项目"是一个"过程"，并且是深入"实践"研究考察的过程。

强调："项目"只有在较长时间的实践中，才能逐渐产生。这有三个理由。

人们通常是怎样选择项目呢？

朋友介绍的；偶然碰到想到的；看到别人正在做的；听了一场报告知道的；看到了报纸上介绍的；从别人手里接过来的；靠原始积累兼并已经有的；具备某些现成条件顺势产生的。

共同点是偶然性。选择项目事关企业生命与发展目标，绝对不可以靠偶然因素来决定。"偶然"发现的项目，能够做起来也很偶然。为什么呢？不是项目本身不行就是做项目的人不行。

人们确定项目的三种错误：

1. 草率地对待项目选择；
2. 没有清楚认识项目的能力；

3. 不知道判断好项目的标准。

这三种错误出现的背后,是缺少一个过程的,即一个或选择或拿来,进而确定项目的"过程"。

第一个问题　确定创业项目，是一个实践过程

一、总过程的第一阶段

创业的过程是指在创业的实际进程中，先做什么后做什么。怎样开始，什么目标；在开始与目标之间经过哪些阶段；不同阶段的任务和对下一个阶段的基础作用是什么？

从项目选择到运转实现，是新企业发育成长的基本过程，这个基本过程由三个阶段构成：

选项—模拟—运转

三个基本阶段按顺序发生，承上启下，环环相扣。不能颠倒，不能缺省，不能跳跃。每个阶段都是下一个阶段的决定性基础和必需的条件。

第一阶段　项目的选择

确定项目是创业的开始，这个开始该如何开始，是被创业的固有规律决定着的。比如：

——"立足长远的观念"。这个观念是"基于项目的产生、发育、成熟的，它是一个自然的过程"。"创业者对项目的认识、理解及把握是一个历史的过程"。两个过程的统一是人与项目融合的过程。

"融合"，是一个时间过程，只有经过一个时间的过程，

才能确定一个能够长期做下去的项目。才能一经确定，就义无反顾，一干到底。才不会在干的过程中左顾右盼，心猿意马。

——"选择自己的观念"。这个观念是"项目成败的决定因素是创业者的能力"。它告诉我们，选择项目不仅是主体对客体的选择，还要有内视的功夫：审视自己知识经验的积累，优势与强项，资源占有与构成。

这个阶段的根本任务，是寻找或创造、理解和把握项目的"根"，为项目的运作奠定基础。

第二阶段 模 拟

抓住了"根"就可以摆开阵势干吗？不行。

——创业失败的原因，表面上看是林林总总。共同的原因是：创业者在起始阶段，面临着他意识不到的三个矛盾：演习和实战的矛盾，能力与实践的矛盾，功能创造与功能决定的矛盾。

——三个矛盾的根源是能力缺乏。创业所需要的创造能力只能来源于实践，而创业者通常是在没有创业实践，不具备能力的情况下开始创业的，事实上面临着两难的境地。

——解决的办法，是在模拟的实践中增长能力。具体做法是：用实验的方式、最小的规模、逆向投资的程序、虚拟销售的办法开始。

这个阶段要解决的问题是，在要素综合的条件下，完成对项目的把握，为运转创造条件。

第三阶段　运　转

——运转就是一切。目的就是活着，内容就是补偿，只要能活，规模能小则小，投入能少则少。

——运转是创建企业的第一目标。投资需要回报，企业需要盈利，可它是以运转为前提的。运转与盈利在时间上是先后关系，在逻辑上是因果关系，在内在联系上是鸡与蛋的关系。

——运转是一切问题的解决条件。一切问题只能在运转中发生、认识和解决。大到业务定位，小到岗位划分。离开运转，任何人都无从猜测会有哪些问题存在；也不可能理解发生的事情；更不可能找到解决的方法。

——创造了运转实现的三个条件，就接近了运转时点。一旦达到了这个点，就像走出了峡谷，眼前一片光明。历史意义的转折从此开始。只要收支大体相等的运转能够持续，规律作用的结果即利润就会自然产生。

这个阶段的任务是创造运转条件，为生存和发展奠定基础。

总　结

在三个阶段中，能否确定一个好项目，决定着后两个阶段能否进行下去。因为，一个项目能够站住脚的优势，一定要在一开始就被解决。解决好这个问题，不可能是一蹴而就的，一定是一个过程。

有了好的项目，并不决定你一定会成功；没有好的项目，决定你一定不能成功！！！

二、事业生命的大目标

对待"创业项目"上的不慎重，表现在草率决定和轻易否定上。脑袋蹦出一个灵感，听了一场报告，别人介绍的一项技术，杂志的一条信息，头脑一热就干起来了。

草率决定的就会轻易否定。一碰到困难，就认为是项目不行，然后就会轻易放弃。这导致了在对待项目上，个个浅尝辄止，件件半途而废。

根本原因是对待事业目标的随意。项目是自己的生命。人的生命历程是两点一线。现在的位置是一个点，目标是另一个点，在两点之间是生命的主旋律，是生活的基本内容。怎么可以草率决定呢？

解决的办法是：把项目提高到生命目标的高度。

1. 项目是人生目标的落实

项目是终生厮守的第二生命，是生命存在的形式，是必须下大力气迈好的人生旅程的第一步。只要把确定项目提高到生命目标的高度，你才会舍得花大把时间详尽论证。

审视自己的优势、强项、积累、资源拥有及兴趣所在。判断社会走向，捕捉初露端倪的苗头，发现社会发展的趋势，研究社会生活的大问题、大困难、大矛盾。

2. 项目是人生道路的开始

有目标才有路径。设想：如果没有目标，该如何安排生活？怎样支配时间？心灵归于何处？脑袋想什么？举手要做什么？抬脚迈向何方？

选择项目是把握自己命运的开始，是迈向成功之路的起点。若干年后，当你站在事业的巅峰回头看当初的选择时，你会感叹它的历史意义重大，你会发现成功那扇门是虚掩着的：只要在路径中延伸再延伸，即使20年只做一件事情，你也一定伟大。

3. 项目是坚定不移的信念

一旦把确定项目作为生命的目标，你才会全力以赴地去实践它，在向它奋进的途中不犹豫、不徘徊、不动摇。才不会因挫折就心猿意马，改弦更张。才能一经选定就一干到底，不达目的不罢休。

总　结

把确定项目，提高到人生目标的高度。

三、能力产生的必需条件

1. 创业的本事，首先来自"确定项目"的实践

创业的基本问题——创业者之"魂"与项目之"根"，是对创业这件事情起主导和决定作用的问题，是创业全过程中最稳定和最一贯的问题。

"魂"对创业者而言是真正的创业资本。通俗表示是：创业者的"本事"。"根"是对主体的项目而言的项目本身的"生命基质"，通俗表示是：项目的"优势"。

本事的来源，首先就是确定项目的实践。在寻找和发现、创造和培育项目优势——"根"的过程中，完成对项目的理解、通透和把握。这，就会导致"魂"的产生。

2. 能力的产生，要经过从接触到把握的过程

从不知道什么是创业的项目，到对若干项目的接触，再到深入到几个项目之中，确定其中的一个。

第一个问题 确定创业项目，是一个实践过程

最后，才是对这个目标项目的深入理解，在理解中达到通透它的全部内含和相关问题，在通透中做到能够把握。

完成这样一个过程，显然不是一日之功。

3. 能力的形成，在透彻理解项目的过程之中

任何项目都不像人们一眼看到的那么简单。它是一个结构体，如同一个分子，有原子和原子核，原子核外有电子，电子又有层数与个数，最外层电子的数量，决定着倾向得到还是失去。

项目也是这样，所以创业者要知道构成要素有哪些，要素之间的关系是怎样。在要素的相互关系中，发现哪个要素是起决定作用的。这是一个必不可少的过程。

确定项目的过程，是一个有着许多内容需要理解的时期。从介入到把握项目，只有通过过程才可能有所感受，有所理解。

总　结

确定项目的实践过程，是创业者"本事"产生的绝对条件。如果把过程比作是做爱，那么见到项目拿起来就干则是早泄。

四、抓住项目命根的需要

灵魂资本是从创业的主体揭示创业的本质，与之对应的是

项目这个主体的对象，本质是什么呢？

1. 根的存在

我为什么连续开发五个项目？有的根本做不起来，有的能够站住脚就是做不大，有的则做得很顺手，为什么呢？

世间万事生于"有"，"有"生于"无"。项目的结果，在"无"的状态下被预置了，这就告诉我，项目有基因的存在，这种基因就是项目的"根"，它是你规避风险求生存，参与竞争自立于企业之林的根据。

★案例1：犹太人和王永庆闹对立★

我开发的一个产品陷入了困境，面临着干还是不干的痛苦抉择。犹太人有撤退原则：一旦发现某项业务不行，不管前期投入多少，赶紧撤出以避免更大损失。而王永庆则持相反观点：新产品上市不被人接受是正常的，办法是通过扩大规模、降低成本以通过瓶颈。犹太人和王永庆闹对立。我该如何抉择？

我在销售终端亲眼见到那些被我的产品所打动的人，只是望价兴叹。问题是价格。经销商的积极性来自批零差价和走货量，缺一条他都不跟你玩。问题也是价格。价格的背后是成本——这，就是这个项目存亡的根。

第一个问题 确定创业项目，是一个实践过程

2. 根是什么？

——是扎在正当的恒久需求与潜在需求之中的真实品质和效用。

★案例2：我做"诚征"广告★

代理商，征来了无穷无尽的"服务"。有的要给我的产品以名牌称号——交3 000元钱；有的要用某个大名为我的产品来"监制"——交3 000元钱；有的高兴地通知我成了什么名人——交3 000元钱。

这样的服务依附于腐败、浅薄和虚荣心。这样的项目不是扎在恒久需求之中，更谈不上具有真实的品质和效用。

——是吸引、影响、制约其他社会成员与你进行交换的资源。

★案例3：牧童遥指杏花村★

"借问酒家何处有，牧童遥指杏花村。"问路的人多了，牧童就可以向要求指向的酒家收钱。

梦里寻她千百度，蓦然回首，指路原是"收费"处。百度就是这个牧童，站在路口收费。是强大的信息检索功能——带动了访问量——引发了引路的需求。

生存的权利、活下去的条件、站住脚的基石就是存在于项

目中的物质基因，它们是争夺市场份额的力量。

3. 根的作用

——决定程序的设计。创业过程中，在时间安排及资金使用上，先做什么后做什么？回答是：根。它关系着项目的生死。先找到它，抓住它，解决它，然后再解决其他问题。否则，等待你的将是一个烂摊子。

★案例4：热衷"造壳"的老总★

我的一个朋友，开发了科技含量很高的无线通信产品。先造了个巨大的彩壳，然后在花园厂区当起了山大王。我说，你再种上果树就成美猴王了。然而美猴王的日子并不滋润：由于对该产品的开发周期之长，检测过程之多不是心中有数，资金供应中断了。现在，他养着技术骨干满世界找合作伙伴。

这位仁兄如果不是先造壳而是先造根，怎么会有这般窘困。

——"未战先胜"的条件。《孙子兵法》中有一个极高战略价值的思想："未战而先胜。"即先是保存自己，再谋划战胜对方。这就要造成不被敌人战胜的条件。

创业正是这样，你的项目最终能否赚到钱，影响的因素有很多，但是，你应该而且能够做到的是：先创造项目能够生存下来的条件，这就是：发现、创造、培育、抓住项目的根。

第一个问题　确定创业项目，是一个实践过程

——务"实"还是务"虚"。许多创业者：热衷于轰轰烈烈，轻埋头苦干的——有之；先搞基本建设铺摊子，再完善技术工艺的——有之；先弄出产品，再找市场的——有之；先租下门面堂而皇之，再磨炼服务内容的——有之；先搭起架子，再寻找经营模式的——有之。凡此种种都是虚无的创业观念使然。

根的观念就是干实事的观念，即"打枪的不要，悄悄地进村"。根的观念还是决策的第一依据，是多种选择的前提，是判断问题的支点。

总　结

根是好项目的内涵，决定着选择的具体目标。如何找到并抓住根呢？好项目的来源：生，选，拿。

第二个问题

好项目来源之一:"生"出来

1. 发现某个产品的缺陷，就是一个好项目
2. 把两个东西放到一起，就是一个新项目
3. 为那些淘金的人们供应矿泉水、牛仔裤
4. 依靠并借助某种强势，获得可为己所用的力量
5. 寻找隐蔽的资源，改进、提升、完善、转换成为新项目
6. 把兴趣变成能赚钱的事，成为生活的内容与生存状态
7. 在"与别人比较突出，与自己比较最强"中，选择市场价值的突破
8. 目力所及要大，见识所及要多，思维所及要宽，好项目自然产生
9. 澄清事务混沌的表象，深入进去看个明白，发现就在其中
10. 进入一个成长中的产业链条，成为一个环
11. 对生活中看到、听到、接触到的某些事物，去联想它的商业价值
12. 找到各种独立资源和要素的关联。在它们的关系中，发现利润点

第二个问题　好项目来源之一："生"出来

"生"是什么意思呢？

1. "美丽工坊"

这是 2005 年的春天，我应邀为一家名叫"美丽工坊"的企业做公开的创业咨询，地点在北京市劳动就业服务中心。

老板是参加了一个叫做"西曼色彩"的培训，接着就创办了色彩服务公司，服务的基本内容是以女性为对象，根据其皮肤色调对其服装进行色彩搭配的设计及其延伸服务。

一年过去了，几乎没有什么人来接受服务。而他们仅仅为购买服务的"道具"和房租，就耗费了十几万元，然而却门庭冷落，难以为继。

项目本身是否具有生存的社会需要，是一个创业项目能否存活的"根"，而这关系到对"西曼色彩"的评价。所以，只能抛开这个大前提，把它当做一般性的咨询服务来分析。

要做好咨询服务，至少有三件事是基础性的，这是这个项目能否成功的根本：

（1）"真品质"，你凭什么从事这项服务，也就是你是否具备能真正为客户解决问题的本事与资格；

(2)"公信力"，也就是解决客户对你的信任的问题，为此，可能需要戴上一顶"大帽子"；

(3)"知名度"，在具备内在真实的品质与信任的基础上，要持续地打造自己的名气。

这三条是咨询服务的根，没有它就先解决它，在没解决之前，或者在不具备这三项条件的情况下，任何所谓的咨询都是没有前途的。这三件事，就好比是一座高楼的地基，地基的深度直接决定着楼房的高度。打地基是一件艰苦的事情，整天在地平线的下面流血流汗，但是，不打基础就盖楼是盖不起来的。

2. 创新有风险

创业项目需要特色，需要差异，需要创新。但是，凡是涉及需要消费者转变观念的创新，则不可以，因为"培育市场不属于创业者"。

创业项目需要特色，需要差异，需要创新。但是，脱离现实需求的创新，也不可以，因为"让市场接受新需求，同样不属于创业者"。

怎么办？

在已经证明的现实需求中创新，把"继承"和"创造"

结合起来——把项目"生"出来。

3. 好比是生孩子

项目需要特点。一个项目得以存活、立脚，一定是有其独具的优势和能够区分同类的特色的。而这个优势与特色又一定要在创业的开始创造性地产生出来。

"生孩子"恰恰是创造特色。"生"出来的"孩子"是有差异的，不会与别的孩子雷同，具有独立个性与鲜明特点。

项目需要继承。项目的创新，不能想当然，一定要从已经证明的、长期存在的现实需求中去寻找。

"生孩子"是人类基因的传承，不是凭技术手段就能够任意捏造出来的。

项目需要钟爱。把确定项目作为一个过程，它不是一拍脑袋、一跺脚想出来的，而是历经千辛万苦，发现和培育出来的，你应对它充满信心，充满情感。

"生孩子"是一个有些艰苦的生殖过程，不是一蹴而就的事情。"生"出来的"孩子"是自己的，这样就不会左顾右盼，觉得别人的孩子都比自己的更好。

4. 怎么个"生"法？

找项目的爹妈——从已经"有"的项目的母体中，从已经存在的项目中去——生。

那些长期存在的项目，存在本身，就能证明这个项目是有生命力的，有成活的土壤和气候的。

这样的爹妈在哪里？12个地方。

总　结

"生"孩子的特点，符合一个项目所具有的属性，符合项目成功的先天条件。它是"继承"与"创造"的统一，是"在过程中产生钟爱"的必然。

第二个问题　好项目来源之一："生"出来

一、"不"字

发现某个产品的缺陷，就是一个好项目

——不满意的事情：不方便，不完善，不安全，不环保，不简洁，不牢靠，不便宜，不适宜，不必要，不够，不及，不爽，不足及社会生活中的困难、问题和矛盾。

——在现有的产品、服务、产业链条、经济模式中，寻找缺陷、不足和错误，并加以改进、完善和提高，就是一个新项目。尤其是当自己感到困难的时候，市场需求已经形成。

★案例1：产品分类的烦恼★

当年我生产的沙滩鞋，不论是在仓库还是在卖场，都先要区分凉鞋和拖鞋，接着是区分男鞋和女鞋，然后区分颜色，最后区分号码。每天都要花费大量的时间来倒库，分类摆放。

这事是不能马虎的，不论是批发还是零售，不作好分类，就会因找不到货而失去一次交易。用这种笨拙的分类法，即便是做得很仔细，也经常出现"找不到"商品的慌乱。

这是几乎所有系列化产品的生产与经营者的苦恼。如今，这个大家的烦恼被德国人解决了。

他们发明了"无线射频识别芯片"。贴在商品上，用读卡器就能够立即找到这种商品的位置和存量。

如今，系列产品企业，从一出厂就贴上它，货物无论是到码头、仓库，还是商场，随时都能够知道它的位置，这一发明已经被广泛使用。

★案例2：叫人迷糊的"音响"★

20世纪90年代的音响市场，一头是高入云端的高档音响，数万元至十几万元的价格和复杂的操作令人望之生畏；另一头是几百元一套的产品，不能给消费者带来纯正音质的享受。

"阳春白雪"与"下里巴人"之间，有一个庞大的中间地带。有人把电声技术和电脑技术相结合，开发出了操作简单，价格在2000元左右的音响。很快席卷市场。

★案例3：宴会嫂子受欢迎★

酒店都接待结婚庆典等大型宴会，到了这个时候就会产生人力资源匮乏。而酒店又不可能在平时准备足够"高峰"需要的服务人员。

于是，有人成立了"宴会会议服务公司"。该公司成立两年，宴会嫂子已经由当初的40人发展到了200多人。

★案例4：体检可以专业化★

体检在医院里是个"附带"业务。体检者像个没头苍蝇一样流窜在不同的楼层与科室。

为什么不能在医院之外创立一个独立的体检系统呢？于是，一家专业体检机构成立了。第一笔大业务，竟然是一家大单位为 8 000 名职工集体做体检。

总　结

存在即合理：技术是成熟的，功能是被接受的，消费群是稳定的。只要适当改进，就是在继承基础上的创新。

二、复合

把两个东西放到一起，就是个新项目

——"复合"是两个东西的结合。两种物质、两种功能、两种原理，都可以结合为一体，产生新的功能、新的用途。

——"复合"可能吗？老子说：世间万物负阴抱阳，相冲以为合。是说自然界的一切事物，都有"合"的倾向，都是"合"的产物。

物理和数学之合：计算机；化学和生物学之合：基因工程。天得之合生万物，男女之合——生孩子，从人类社会到自然界，我们所见到一切都是"合"的结果。

用什么去"合"呢？用人的思维创造能力，让那些看上去不相干的物质与功能去合二为一。

★案例5：英语与餐厅★

英语可以与"角"结合而成为"英语角"，与聚会结合起来叫"英语PARTY"，为什么不可以与吃结合起来叫"英语餐厅"呢？

在靠近北京语言大学的一个角落，有人把英语与就餐结合起来，办起了英语餐厅。餐厅按苏格兰风格包装，从服务用语到菜单等都是用英语。

我告诉经理：在门口设"海关"，进门先办"护照"，再请个黑人学生当"伦敦警察"。谁讲汉语就罚款。

★案例6：杯子和广告★

先是为一家企业在纸杯上做广告，广告费冲抵了成本，然后免费发放给目标客户。产品很快进入了当地主要企事业单位。一年时间，赢利上百万元。

★案例7：表演与约会★

北京三里屯的男孩女孩酒吧内气氛热烈。一位男人冲到舞台上，一番介绍后开始表演猴拳，三招两式，博得一片掌声。

看表演的单身男女，是婚恋交友网的会员，是网站安排，把表演与约会弄到了一起。

★案例8：香水和吊坠★

在钻石的吊坠里滴入一小滴香水，香味就均匀地散发在人的周围，持久地维持着芳香。取个名字叫"午夜妖姬"，够鬼魅，够撩人的吧。

这是高明的卖点：把"讳莫如深"的问题发挥得淋漓尽致。该公司还有一番高论：曹植有言美女妖且闲，采桑歧路间，"妖"原本是艳丽的意思。

★案例9：鲜鱼与豆腐★

郑成功之子郑经盘踞台湾不归顺大清。大清禁止海运，一时间岛上物资匮乏，将士们餐餐吃鱼，谈鱼色变，怨声载道。于是麾下一守城士兵献出一方，把鱼制成豆腐。

海南宋先生，自称是鱼豆腐的嫡传，也做起了鱼豆腐：色香味俱佳。

★案例10：面条和芹菜★

把芹菜洗干净放到榨汁机里绞出芹菜汁，用它和成"绿色面条"如法炮制，蔬菜中有的颜色，面条中都有，叫"流光溢彩"手擀面。

★案例11：雪碧和红酒★

"柔红"葡萄酒的发明者，发现很多人喜欢用"雪碧"兑红酒。于是，他研制出了既像兑了"雪碧"一样柔和，又能保存葡萄酒醇正风味的酒，叫"云南红"柔红葡萄酒。业界称这是对中国葡萄酒业的一大贡献。

总　结

自然万物都有"合"的倾向；复合是对自然的顺应，对文明的采集，它是创造的源泉，也是项目发生的途径。

三、赶海

为那些淘金的人们供应矿泉水、牛仔裤

大海退潮时，人们在海边捉螃蟹、挖海蛤、捡贝壳。这里，借助"赶海"这个现象，说明项目发生的一个思路："为那些追逐市场大潮的人们提供服务。"

市场经济潮起潮落，像海浪波涛拍岸永不停息。多少人在注视着"潮"的涌起，寻找着"潮"的信息。一旦发现，就是他们等待已久、翘首以盼的"商机"，必定会不遗余力地扑上去。

我们可以弄潮。但需要准备，需要资源。我们也可以紧紧地跟在这"潮"的后面，轻松地捡那些螃蟹、海蛤及贝壳。

第二个问题　好项目来源之一："生"出来

★案例12：为乞丐化妆★

阿戴是个演员，他竟然能够在乞丐堆里淘金，淘出了别墅和汽车。

一个流浪汉向他乞讨。阿戴把他叫来："你知道我为什么不给你吗？你脸色红润，看上去混得不错，你跟我来。"

回到住所，阿戴拿出自己的化妆盒，朝那人的脸上一通涂抹。一会儿工夫，那人就有了一副苍白的面容，脸上呈现出憔悴的皱纹。头发也被剪得乱蓬蓬，一副孤独凄苦和绝望无助的样子。

"你昨天挣了几个钱？"阿戴问。"4元。""那好，去试试今天能否多挣几个。"化妆后的第一天，这个乞丐挣了28元。

没过多久，其他乞丐也前来求助。他每天给30多个乞丐化妆。6年工夫，他搬进了一所别墅，有了一部小汽车和一笔存款。

★案例13：关掉家政公司，培训服务员★

欧阳女士办了家政公司。她发现了这个行业普遍的问题：服务人员的素质差。他们大多是来自农村，文化、科学、法律意识欠缺。而服务人员的素质则是做好家政服务的关键。

一经发现，立即行动：她关掉自己的家政公司，转为培训家政服务员。

经过三年摸索，她形成了成熟的家政培训体系，为不断产生的家政公司输送了一批又一批的服务人员。

★案例 14：时尚分析报告★

商家知道，与青年人有关的产品必须紧跟时尚，不断推陈出新。

有一个小女孩，拿着相机四处奔走，捕捉认为可能流行的东西。交往了一大批嗅觉敏锐的青年朋友，寻觅可能成为时尚的蛛丝马迹。

然后，把自己的发现做成"时尚分析报告"，交给一些知名的企业。

她的第一篇报告是，关于手机款式流行趋势的分析，她因而得到了 5 000 元。完成一个报告要一个月，她收入万元左右。

★案例 15：盖房子就要塔吊★

海南岛房地产复苏，一个四川小伙立刻想到：盖房子需要塔吊，而当时的海南，建筑公司连到哪儿买塔吊都不知道。

他的家乡，重庆机械厂就生产塔吊，40 万元一台。弄到海南该卖多少钱呢？连一个可以参照的价位都没有，他狠狠心报价 60 万元。听到有塔吊卖的建筑公司，已经是喜出望外了，没还价就买下了。

一年时间他卖出了 200 台。接着，他开始了塔吊出租、售后服务、提供配件及修理培训。他就这样稳固地占领了海南的塔吊市场。

★案例16：卖掉果树，种柳树★

在退耕还林中，山东龙口的农民在坡地里种上了果树。满山遍野的鸭梨引来八方来客，乡亲们把鸭梨运往北京、上海、日本及韩国。

一个年轻人，却把自己家的果树卖掉种柳树。种柳树干什么呢？编筐。

他发现，在村民们增加果树种植的时候，来到这里的客商买不到装鸭梨的筐。

★案例17：你烧烤，我烧炭★

到济南打工的老赵，发现这个城市到处都是烧烤，这一天要烧掉木炭1.5吨。

他了解到当地烧烤用的木炭是从南方的山区购进。山高路远价格高，还不能及时供应。

他决定自己烧木炭。经过了反复试验。用锯末子做原料，生产出了耐燃烧、无烟尘、不爆花、火力足的环保木炭。

总　结

大潮涌起本身就是在创造一种需求。我们为那些急急赶潮的人们，提供物资、劳务、信息、保障及服务等。

四、借势

依靠并借助某种强势,获得可为己所用的力量

——在青藏高原的草甸上,有一种蝙蝠蛾,每只蛾生产数百只卵,散落到地上成了幼虫。

——冬季来了,一种真菌孢子钻进了幼虫体内,借助幼虫的身体,度过了冬季。夏天来了,蝙蝠蛾的卵已经发育成幼虫。真菌孢子靠蝙蝠蛾幼虫体内的营养生长发育,钻出来后,成为"冬虫夏草"。

——这"孢子"借别人身体过冬,借别人的营养发育自己。这就是"借势"!

项目的发生也可以借势。

★案例18:巧借"香格里拉"★

1. "香格里拉"是什么?

1933年,英国人詹姆斯·希尔顿的小说《消失的地平线》出版。该小说写了一架英国飞机失事,飞行员被当地老百姓救起的故事。飞行员养伤的地方"雪山与草原相互辉映","多民族多语言和谐并存","人们在适度的原则下生活","那里的人长生不老"。

书中描绘的这个地方，叫"香格里拉"。

《消失的地平线》两度被好莱坞拍成电影，并获得了广泛传播。"香格里拉"这个词，之于英语文化的意义，宛如汉语文化的"桃花源"，是一个理想国。

2. "香格里拉"在哪里？

《消失的地平线》里说，"香格里拉"在曼谷西北，范围之大，可以把莫斯科包括在内。这就给了人们遐想的空间：

四川甘孜的稻城县，西藏的波密，云南的丽江、怒江，国外的老挝、尼泊尔，不管掉没掉过飞机，都宣称自己那里是"香格里拉"。

于是，人们猜测这个地方，应该在藏滇川交界的横断山地区。这里确实有外国飞机坠落的事实。可问题是，这架飞机究竟掉在了哪个具体的地点呢？

3. 策划"香格里拉"

1995年，一个叫孙炯的年轻人参加导游考试，遇到一道题："香格里拉"源自哪种语言？答案是喜马拉雅山麓的康巴方言。

1996年春节，他来到了中甸。遇到了迪庆藏族自治州的州委书记格桑顿珠。两个人"如此这般"地谋划了一通。

两个月后，一架大飞机从新加坡起飞，满载着世界各大媒体和旅游界的重要人物，开始了"寻找香格里拉之旅"，飞机轰然降落在中甸。

从此，中甸就成了"香格里拉"。后经过中央人民政府批准，"香格里拉"成为了云南的一个县。迪庆的百姓说："叫中甸没钱赚，叫香格里拉有钱赚。"

已经担任云南民委主任的格桑顿珠说："香格里拉这顶帽子谁都可以戴，就看谁最先戴上。"已担任中甸副县长的孙炯说："'香格里拉'是一个美丽的策划。"

★案例19：就是德州扒鸡★

在胡瑞的小建筑队里，他表弟的右腿被割去了。抢救花去了所有的钱。善良的表弟提出回老家休养。走时，兄弟两人相拥大哭了一场。

胡瑞想买只烧鸡给表弟。路过副食店，营业员说货已经卖完了，再去另一家店，也卖完了。胡瑞内心一动："我卖烧鸡去！"

把自己做的烧鸡叫卖了一天，没人买。很多人抓起烧鸡闻了闻，就摇着头扬长而去。

于是，他到了德州扒鸡公司花了 6 000 元学技术。半年后，他将自己亲手烹制的 20 只德州扒鸡端到了街面上。一个老汉走过来细细地品尝，说："不错，就是德州扒鸡。"周围人一听老头说好，就纷纷聚拢过来，20多只德州扒鸡很快就卖完了。

接着，他开设了4家扒鸡分店，每家店每天能卖到100多只。

★案例20："胡同游"的"挂靠"★

北京的"胡同游"刚刚亮相的时候，人们不知道这胡同有什么可看的，参加旅游的只有一些驻京大使馆的家属。

"长城、烤鸭、故宫"是地球人都知道的，何不把胡同游与它们挂靠呢？

于是乎，"看故宫吃烤鸭，逛胡同登长城"的口号开始出现，引起了媒介的关注，于是"胡同游"名声大震。

★案例21：怎么能不畅销呢？★

知道《达·芬奇密码》这本书吧，作者叫丹·布朗，据说它将成为历史上少见的最畅销的成人小说。

该书讲的是关于天主教阴谋的故事。说几千年来，教会一直隐瞒着耶稣和他的门徒玛利亚的事实真相。

何以畅销呢？一是封面——"蒙娜丽莎"；二是书名——"达·芬奇"的名字；三是内容——关于两个人关系的真相，这两个人竟然是"耶稣"和"玛利亚"。

总　结

著名的绘画，知名的品牌，知名的人物，热播的电视，普及的概念，古老的传说，美丽的诗句，历史的文化遗产，公认的信誉，知名的企业，重大的事件等都可以生出好项目来。

五、挖掘

寻找隐蔽的资源，改进、提升、完善、转换成为新项目

挖掘的本意是探求、寻找。行为指向是发掘具有天然性质和隐蔽特点的资源。

挖掘是项目发生的一个途径：面向隐蔽的资源，经过寻找而发现，提炼而结晶，加工而提升，成为有市场价值的东西。

具有资源性质的东西有很多。大体可分为五个大类：自然的、文化的、历史的、风俗的及家庭的。

★案例22：精美绝伦的桦树皮★

大兴安岭盛产桦树。鄂伦春人很早就用桦树皮制造碗、盆、篓、针线盒及摇车等。用火钳子烙上图案，成了桦树皮画。然而，千百年来他们都是自己做自己用。

大学毕业的山红，从鄂伦春人手里收购桦树皮工艺品，在淘宝网上卖。

先是北京一家民族工艺品商店从网上找到她，进了一批货。接着，一家开饭店的公司，要用桦树皮装饰店面。

从这时候起，她从零星采购变为定点加工，接着自行开发设计。一批批精美的桦树皮工艺品走出莽莽林海，走向全世界。产品种类扩展到了200多种。

★案例23："和兴佬"大放光芒★

他给杭州的一家食品店供货时，碰上一家粽子加工厂到该商场结货款，每月两万元。他原以为销售柜台会很大，后来才发现就是门口那个不锈钢大桶：卖热粽子。

他决定做粽子。从嘉兴请来了"五芳斋"第一代传人的徒弟，而且对原料的选配力求完美。并对配方进行了改进，开发出偏咸、偏淡两种口味的粽子。

一般的粽子180克一只，男人吃一只不够，吃两只太多。女士吃了大半个就已经饱了。他设计出了小号粽子，男士吃两只，女士吃一只就够了。

他用传统的小小粽子作响了一个"和兴佬"品牌，并延伸到八宝饭、饭团、月饼等几大类。

★案例24：一天卖13 000碗★

2007年1月，重庆举办"创富论坛"，与我同为主讲嘉宾的是重庆小天鹅集团的总裁何永志,这个故事是他亲口对我讲的。

陈华的爷爷做了70年凉粉,他接过来,像爷爷那样挑着担子走街串巷地卖。

陈华在继承的基础上创新。云南的大白豌豆香味宜人,以它做主要原料。用石磨加工能保持豌豆的清香,传统不丢。而作为佐料的香油、辣椒及花椒等,个个都精心选择,集万千宠爱于一身。

这样的凉粉吃上一口:呵!嘴角微辣口吐香,浑身通畅头冒汗,只想大喊一声:就是这个味。

2006年9月29日,著名美食街洪崖洞开张,"陈凉粉"一天卖出13 000碗。

★案例25:姜糖与沈从文★

姜糖,是湘西凤凰小城的著名小吃。有个"张氏姜糖"销量极好。为什么呢?

"张氏姜糖"与沈从文故居比邻,售货小姐说"沈从文就是吃着我们做的姜糖长大的",顾客自然希望感受一下大师当年的心境,完成一次"体验消费"。

总　结

把资源从隐蔽状态挖掘出来之后,尊重它们的原生态特

点，并进行改进和提升，就是一个好项目。

六、兴趣

把兴趣变成能赚钱的事，成为生活的内容与生存状态

兴趣，有的是与生俱来的，有的是后天养成的。都是潜藏在自身的、某种特质的外在表现。

这个东西就可以成为生命存在的形式。比如，音乐家是以音符作为生命存在的形式，作家是以文字作为生命存在的形式。

把兴趣当成事业目标，就是一个好项目。在需求如此多样化的今天，这是可以办到的。

★案例26：因为对电器产品的兴趣★

罗光明从小喜欢电子技术。上高中时，他假期就到电器维修部打工，大学读电子工程专业。毕业后，在小家电产品柜台负责促销。

每当有新产品时，他都要对它们进行研究，从功能构造到技术成本，搞得一清二楚。同时，还会发现它们的不足，再根据自己的创意在头脑中将它们完善。

一天，一位顾客要购买用于清新空气的机器，罗光明向她推荐臭氧消毒机。顾客还想要有空气过滤的功能。罗光明向她推荐了空气净化机，可是老人又嫌多买一个机器占地方。

罗光明想，空气净化器和空气消毒机，都是单一性能产品。如果将多种功能集中起来，不仅少占地方，还能降低成本。于是，他开始实施这个创意。

罗光明将过滤技术、负氧离子和臭氧这三种技术集中在一起，设计出了具有多重功能的空气清新机。

先将产品放网上投石问路。一个星期后美国一家公司就发来邮件，表示希望订购500台。500台机器的订单让他赚了100多万元。

★案例27："千年老妖驴"★

王先生热爱旅游，踏过中国多处名山名地，越过多座高峰，探险过多片森林，是"千年老妖驴"，并开了一间户外旅游俱乐部。

俱乐部是流行的户外用品店，既出售户外用品，也是"驴友"的聚集地。成员都是户外运动的爱好者，相同的兴趣使他们打成一片。因为"驴友"的支持，王先生的店也搞得有声有色。

★案例28：兴趣培养的专长★

他自小对鸽子特别的喜欢，一养就是12年。2005年，他用 300 元买了 12 对种鸽，由于他长期摸索，饲养得法，每对种鸽一年繁殖 8 对。幼鸽 20 天能长到 500 克。

靠着兴趣培养的专长，他心里有了底气。于是租下了 10 亩地，建起了养鸽场。从饲料配方，到喂水、清洁、防病、繁殖，形成了一整套科学方法，成为上海几十家宾馆的固定供应商。

★案例 29："黑手起家"★

任柳对美术设计特别感兴趣，每年夏天他都会给自己设计 T 恤衫，其中一些还送给朋友。整天做版子，调颜料，印刷，烘干，指甲上的颜料一年到头都洗不干净。

他先是尝试极富视觉冲击力的图案，猛兽、骷髅等，销得也不错。接着他尝试做女装，运用很具有现代感的色彩，效果出奇的好。

控制印数是他的经营特色，顶多印几十件他就把印版废掉，这保证买了他的 T 恤衫的人，不会出现"撞衫"的尴尬。

总　结

有了自己感兴趣的项目，便在其中流淌才智，挥洒创造力，演绎生命的精彩。幸福与成就融合为一体。

七、优势

在"与别人比较突出，与自己比较最强"中，选择市场价值的突破

优势，是你所具有的强项、特长和某种资源。只要优到一定程度，就能成为创业项目。

——如何确定优势呢？

先与别人相比，自己有的别人没有，自己突出的而别人很一般，这就是自己的优势。再与自己比，自己能够做好的事情有几个，其中哪个是最好的。

——怎样发现优势呢？

先是对生活积累的审视。在自己的生命历程中，已形成了哪些技能，沉淀了哪些知识，形成了怎样的结构。

再是对积累进行分析。哪个是最突出、最有用、最具潜力、最容易转化成市场价值的。

★ 案例30：毛主席来了！★

彩旗飘扬，锣鼓喧天，人们翘首以盼："毛主席、周恩来、陈毅、宋庆龄"鱼贯而出，向大家招手致意，并挨个接过话筒，用方言和"语录"勉励大家。

第二个问题 好项目来源之一:"生"出来

这一幕出现在沈阳一个农贸市场的开业庆典上。领袖们都是工人。这是他们正常表演的一个插曲。

演出间隙,毛主席抱怨环境太差,让领袖在这里出场不够严肃;宋庆龄则认为主办方给的费用太低。

周恩来是沈阳镇流器厂的保卫干部,在盘锦插队的时候认识了李默然,李默然曾对他说,你老了后比较像总理。到了20世纪90年代他真的就成了"总理"。每月演出3~4场。

★案例31:叶枝有副好嗓子★

他叫叶枝,在义乌工商学院的联欢晚会上,他开始崭露头角,于是,机会接踵而至,工商学院的各场晚会上都会出现他的身影。

2005年12月,在学院举行的十佳歌手大赛上,他那富有磁性的嗓音、阳光男孩的帅气,引起了一家庆典礼仪公司的老板的注意,从此他开始走上司仪生涯。

随着知名度的提高,他的身价一路飙升。主持一场婚礼的报酬是1 200元。

★案例32:美院学生的"西部印象"★

王柯自办皮具加工厂三年,拥有20多家加盟店。当初决定这么做,是认为自己是学美术设计出身,一开始就充满信心。

他的皮具取名为"西部印象",他下决心把"西部印象"做成知名品牌：除了美观、大方、实用外，还要把皮具的个性化发挥出来。顾客可以自己设计图案，还可以雕刻上自己的名字。

开始，他一个人每天做1～2个，极具个性的艺术美感受到青年人的青睐，网上订单多了，他招了3个徒弟。

随着订单不断，家庭作坊发展成皮具加工厂。由单一的皮包发展成皮包、皮鞋、挂饰等系列。

★案例33："唐伯虎"的传人★

绍兴张铬，曾祖父官至浙江抚台，祖父则当过师爷。一生对中国绘画造诣很深，当地人称他为"绍兴唐伯虎"。

张铬自小耳濡目染，七岁开始习画，广拜名师。因为画不好马腿，他画的马总是在过河。

爷爷的身旁，聚集了很多画家和书画收藏者。张铬与他们混得很熟。这个背景，让他变成了画商。

画家心气高，一幅画卖出了好价钱，以后就不能低于这个价。结果是买得起画的不懂画，懂画的买不起。画家的作品不能很好地流通。

张铬经销书画，是到全国各地大量购进，然后和上海最大的拍卖公司联手，每月举行一场"中青年书画名家作品拍卖会"。起拍价低得离谱，有些作品干脆无底价。

每个月有一个星期天，上海卖画大厅里水泄不通。有人成捆地往外搬画，有人用上万元的高价买画。中青年名家画作拍卖，每次百分之百成交。

★案例34：家住展览馆附近★

陈立根的家与武汉国际展览中心只隔一条街。

他发现了一个秘密，在展销会的最后一天，参展商在收摊前的两个小时里，会甩卖展品。经了解，参展商不愿意把带来的货再重新打包，再雇车送到车站发运回去。

陈立根就琢磨："如果参展商一次性地将货'批发'给我，我获得了价廉的货源，他们也落个轻松便利。"

他把这个想法与一个经理谈了后，两人一拍而合。把全部剩货低价卖给了陈立根。一批货赚了2万元。

有了这次成功的操作，老陈周密计划。2009年的食博会闭馆的下午，他带着人、现金、货车和搬运工，进场打包、整理。一次"淘"了20万元的剩余展品。赚了8万多元。

★案例35：专项验车★

唐跃从高中毕业后一直在跟汽车打交道，学了两年汽车修理，又给人开了7年汽车，对汽车了如指掌。

买车的人对汽车销售商都心存芥蒂，那么可不可以把"验车"也作为一项专门服务呢？

他与北京交通台的咨询节目联动，向听众免费普及"购车知识"。几期节目下来,他的生意就忙不过来了,按验一辆车300元收费,月收入超过万元。

总　结

优势是可以为你所支配、掌握和运用的资源。从优势的观念出发,能够找到项目发生的又一条路径。

八、眼界

目力所及要大,见识所及要多,思维所及要宽,好项目自然就会产生

我在吉林市短暂停留期间,几乎所有的人都在谈论一个项目:小尾寒羊。似乎创业只有小尾寒羊。《中国青年报》要我为一组青年创业的项目做点评,都是开店,好像创业就是开店。

这是眼界问题。目力所及的范围太小,见识所及的事物太少,思维所及的领域太窄,创造的能力被创造发生的元素之贫乏限制了。

做任何事情都需要专注。但在确定要做什么之前,一定要开阔眼界,才有对比、选择的机会,才有最好、最适合的项目产生。

第二个问题　好项目来源之一："生"出来

你会发现，可以做的事，不仅仅是小尾寒羊，也不仅仅是开个店。即便是开店，也不是原来想象的那种开法。

★案例36：那一次出山★

因为贫穷，家乡的孩子很少有人读到初中，更不要说上大学了。一位年轻老师决心改变这一切。

学校得到一笔助学捐款，捐助人希望将款项用到改善办学条件上去。而其中一位老用这点钱，将全班学生带到南方一个城市转了一圈。因为钱不够，他们睡车站、啃馒头。孩子们第一次走出山旮旯，看到了闪烁的霓虹、不息的车流、拔地的高楼。

一年后，他教的学生全部考上了初中，有的还考上了县城重点中学，这在过去绝无仅有。这些孩子的弟弟妹妹们也纷纷踏着他们的足迹，陆续走出了大山。

十年后，这个班的学生有的当上了公务员，有的当上了老师，有的从事科研工作，有的当了老板。

后来，"镀金"的故事在小山村流传了好多年。那一次出山，改变了孩子的命运，影响了整个山村。

★案例37：一年"抓"出一个亿★

一张看似普通的饼，却开出了上千家店，一天卖出8万张。柴磊的"粮全其美"把一张三元钱的手抓饼，做成了年销售额上亿元的一个大"饼"，创造了一个饼的神话，这得益于柴磊之前的一次经历。

2006年，柴磊到台北的第一天，在夜市买了一种叫手抓饼的小吃。没想到的是，这一吃就让他欲罢不能。第二天晚上，柴磊买了13种口味的手抓饼回到酒店，放在桌上，足足瞪了一个小时。

"我为什么不能把它引进大陆呢？"于是，柴磊学会了最地道的手抓饼技术，回到上海开了第一家店。

★案例38：十字绣的少女情结★

国外今天的潮流，很可能会成为我们明天的时尚，国外市场前沿的信息，会打开我们的眼界。

郑香五年前到上海打工，因为是朝鲜族，被一家贸易公司聘用，处理与韩国的业务。在去韩国旅游时，她看到十字绣在当地非常流行。

她认为投入不高，自己就开了家加盟店。她的店在徐家汇的港汇广场，十字绣能让人心情放松，有种十字绣的少女情结，很快就吸引了很多好奇的女孩子。

她把老顾客编号，平时给他们打电话，交流十字绣的感受和经验，并作购买记录，以此总结出客户想要什么样的绣线、图案，从而有目的地进货。体贴周到的服务为她留住了老顾客，结交了很多的朋友。

小店每月赢利 2 万元，而当年的投资才 5 万元。她就在这穿针引线之间，描绘了自己的锦绣人生。

★案例 39："洗出我的万贯家财"★

上海洗浴业的大佬施毅说："1995 年，我从夏威夷到东京，那里的朋友带我洗了个澡，于是我就茅塞顿开了，当即就决定把这个搬到中国，前景会很好。就这个洗浴，洗出了我的万贯家财。"

★案例 40："摇滚沙拉"来自巴黎★

"俏江南"美食城，有一道菜叫"摇滚沙拉"，就是服务员在客人面前演示把沙拉摇滚出来的全过程。

这道菜就是老板张兰在巴黎就餐时学来的。一道很简单的菜，却给客人带来一种文化享受。

★案例 41：从"我买网"到"淘宝网"★

逗留美国期间，我发现许多人愿意上一家叫"我买"的网站。原来，每家都有留之无用、弃之可惜的物品，这催生了"我买网"的兴旺。

顾客只要把想拍卖的物品送到"我买"店，"我买"店就会为这些物品拍照、写说明、做分类，然后传到拍卖网上去。

就是这个眼界，催生了国内的淘宝网的诞生。

★案例42：网络学校★

哈尔滨的刘成刚在美国，看到美国孩子在家里通过网络学习中文。

回国后，他便依托哈尔滨三中办起了"三中凡奇网校"，使得山区、林区及矿区的学生，身在本地就可以置身三中的课堂，共享三中的教育资源。

★案例43：照猫画虎拓展训练★

北京有个"大众人拓展训练公司"，是最早在国内开展拓展训练的企业。

这个项目的创始人，在瑞典接触了拓展训练，这让他受到了很大震撼，回国后他就照猫画虎地弄了这个东西，玩成了当下都市中产阶级的时尚。

总　结

何以打开眼界？

读一些与项目有关的书，看几百个别人创业的故事，走上十几个地方，接触一些专家级的人物，结交一些企业界人士。

九、揭盖

澄清事务混沌的表象，深入进去看个明白，发现就在其中

揭开新娘的盖头才能看清模样。这时，不满意也晚了。而项目的发生，一定要在入洞房之前，先把盖头揭开。

经济这个事物，大到一个行业，小到一个产品，细到一项技术，只有深入进去才能看明白，由理解到通透，发现就在其中。

——要么发现一个空白，或看到一种趋势；

——要么弄清其中的某种联系，找到问题的关键；

——要么产生灵感，创造出新的模式；

——要么学会机智地利用行道中的潜规则。

这么多"要么"，只要有一个，就是一个新项目。

★案例44：赚和赔在于懂不懂★

废塑料通过再生而成颗粒，和聚氯乙烯一样成为塑料制品的原料，如今已经成为了一个行业。而同是在这一个行业，同是做这一个项目，有的一年赚300多万元，而有的一年赔几十万元。这是怎么回事呢？

石家庄的一个读者到北京找到我，询问这个项目可行与否。我告诉他说。"还是我那句老话，会做，投资3万~5万元赚得盆满钵满；不会做，投上一百万元也老本朝天。"

他说："对这个项目，会做与不会做又怎么知道呢？"我说，先花上半年时间，深入到三个盈利的、三个赔钱的、三个造设备的、三个专门搞技术的公司，彻底搞懂一切环节、一切过程，一切与此相关的事情，一切历史，这叫"通透"。具体干不干，在哪儿干，什么时候干，多大规模干，这一切之一切，等"通透"后再说不迟。

过了半年，他又来找我，拿了份材料，问："这算不算'通透'？"我说："算。"下面是他的这份材料的要点：

1. 技术

不同的废塑料制品有不同的形状、颜色、手感。聚氯乙烯制品的特点是呈乳白色、半透明。比如，地膜、手提袋、水管、各种桶类都属于聚氯乙烯。而盆、家具、编织袋、瓶盖、汽车保险杠则属于聚丙烯。这些差别，操作工人必须熟记于心，看到它们的时候能立刻联想到分拣要领，将它们归类。

一种塑料产品只能生产一种颗粒，不能混淆。将不同品种的塑料一起投进设备，会导致螺旋杆阻塞，颗粒会变成塑料块。

2. 设备

废旧塑料再生颗粒机，主要有三种：

第二个问题　好项目来源之一："生"出来

第一种是以煤做燃料的颗粒机，粉尘太大，温度很不容易控制，温度不稳定，就会导致颗粒质量不稳定。

第二种是挤出型颗粒机，耗电量大，每吨要耗电500度。

第三种是节能环保型颗粒机。在环保方面，它设计了废旧塑料清洗机，采用循环水，不用排污水。在节能方面，每吨耗电300度。

设备质量的关键是螺杆。好的螺杆表面呈黑色，使用寿命是三年；而不好的螺杆表面呈银白色，寿命只有三个月。

3. 成本

成本构成主要是原料和电耗。

原料又与收购价格相关，而收购价格又与工厂所处的位置相关。

电耗，每吨耗电500度是一大关口，超过了就有亏损的可能，如果每吨耗电不超过300度，那就能盈利了。他考察过的两家企业，亏损都是亏在电耗上。

4. 原料

原料既关系产量，又关系成本。决定原料稳定充足供给的因素有两条：

一是在所设厂的地点有多少垃圾回收站，每个站每天有多少公斤的废旧塑料。

二是看工厂周边的100公里范围内,还有没有废旧塑料颗粒加工厂。

没有充足稳定的原料来源,是不能上这个项目的。

★案例45:谁来包我?★

她从承包路牌广告的企业了解到,广告牌的承包费二三十万元,她想,真是块大蛋糕啊!于是她开始了解这个行当的内幕:从交通部门到路牌广告制作公司,从高速公路管理部门到路旁的农民,从制作费用到承揽广告商。

之后她发现了奥秘:高速公路两侧受管辖的广告牌范围是两侧各30米,30米以外的土地使用权就是农民的了。在30米以外的地界,如果农民同意,什么市政、交通、公路、园林、城管等众多部门都管不着。

好,就打这个擦边球吧,就在31米的地方,效果也不会有什么差别。农民们听说要在他们的地里立上一块牌子,一年还能得几万元,都高兴地和她签约。

牌子做好了,在她的空广告牌上印上了一句话:"谁来包我?"然后又做了第二块牌子,上面写着"退一步海阔天空"。广告语被当做新闻上了报纸,"谁来包我?"引发争议——这不是公开为"包二奶"做广告吗?

很快一家客户联系上她,签了一份一年18万元的合同。

第二个问题 好项目来源之一:"生"出来

★案例46:建材市场的真相★

吴魁为了解装饰材料市场的情况,到北京、河北、山东、江苏、黑龙江、安徽进行了三个月的调研,掌握了200多家经销商的需求,结果表明:

市场的主要装饰材料是天然大理石和花岗石,但具有容易碎裂,且因表面有毛细孔易进污渍等先天缺陷,放射性严重超标,国家有逐步禁止的趋势。而发达国家的化学合成石材,价格昂贵。90%的业主希望有新的装饰材料来取代旧产品。

在科研所的工作经历为他的研发奠定了理论基础,在比较多种可选原料后,他最后把目光落在了废旧玻璃上。

经过测试,以废旧玻璃为原料,配以天然颜料聚合而成的"丽晶石"研发成功。

这种高档绿色环保建材质地纯正,色彩丰富,既具有天然石材的质感和坚硬,又可以任意切割、随意组合,板材之间也可实现无缝拼接,且无毒环保。

十、入链

进入一个成长中的产业链条中,成为一个环

经济生活是一个系统,每个系统都是一个长长的链。每个链由多个环连接组成。

链的特点是，每个环都不能独立动作，每个链的动作都不能缺少一个环。

把一个项目比做链中的一个环。只要能够进入某个链中成为其中的一个环，你就是链中人，上推下拉，想不动都不行。

问题是进入哪个链条？

首先是与人——这个社会生活的永恒主题——相关的需求，这种需求应该是恒久的、潜在的且初露端倪的。

其次是与人类社会的困难、矛盾、问题的解决相关的事情。

★案例47：两个链条的生存状况★

1. 入错了链

在一个自然保护区的饭店，当服务生拿出一次性筷子时，我问了在场的人一个问题：一次性筷子不环保，而且数据证明，中国生产一次性筷子消耗的木材近500万立方米，一棵生长20年的大树，仅能制成3 000双筷子。为什么还一直在生产？

回答是暴利等，对吗？

事情的真相是这样的：

（1）林业系统的砍伐，每年都是有指标的，按指标砍伐

第二个问题　好项目来源之一："生"出来

的木材会进入流通中。用木材生产什么,不仅由市场决定,重要的是,不论生产什么,都是指标内的砍伐。砍多少树与生产什么无关。

（2）砍掉的树木,不是都是经济木材,有用之才,有许多糟烂杂木。一次性筷子用的是这种不成材的杂木。

（3）一棵树的树冠和树枝是不能派什么用场的,一次性筷子用的多是树冠和树枝。

（4）林区的就业压力很大,生产一次性筷子的投资少,又是劳动密集型产业,能够解决几十万人的就业问题。杨桦木属于第四类,使用价值很低。

——所以,事实上,一次性筷子并不涉及严重的环保问题,但是,身在其中的人却是举步维艰。

连广是东北林业大学的研究生,1996年办起了自己的一次性筷子生产企业,出口到日本。

他发现自己的行业面临着灭顶之灾。越来越多的环保主义者和各级人大代表发出的"取消一次性筷子的呼声"一阵紧似一阵。

——2004年,国家取消了一次性筷子的出口退税政策,2006年开始征收5%的消费税和10%的出口关税。

——上高中的女儿质问他："爸,你作孽呢,你为什么要生产一次性筷子？"女儿的班里刚刚开过一次环保主题的辩论会，得知她父亲是生产一次性筷子的老板，她女儿被安排在了反方。

2. 入对了链

一封读者的热情洋溢的来信，使我知道了2006年的"胡润百富排行榜"的第一位女首富叫张茵，是做废纸回收的。

信中引用了我的《民富论》中的一段话：

由环境保护引发了治理江河，由治理江河导致关闭中小造纸厂，由关闭中小造纸厂而产生纸制品的供不应求，这就腾出了一块市场，如果用再生纸做资源去填补，会怎么样呢？废纸的回收与加工不正是大势吗？不正是填补纸业生产链条的一个大的空白环节吗？……抓住大势的一环，项目的种子就有了丰厚的土壤。

张茵于1982年大学毕业，1985年怀揣着3万元人民币只身到香港创业，投身于当时并不为人们所重视的废纸回收行业。她说：

刚到香港时，我还是不太愿意做废纸回收的，总觉得听起来不大好听。一位厂长跟我说："希望你能在废纸回收行业做大，因为这是一片森林啊？"

我就这样一直坚持做废纸回收。从中国香港一直做到美国，因为中国香港已经不能满足中国内地的市场对造纸原料的需求了。就这样一路做了下去，就做起来了。

★案例48：退牧还草，牛羊吃什么？★

我是北京智慧企业家俱乐部的顾问。在2007年春节前，我陪同美国企业家谢罗德来上课。一个专程从黑龙江赶来的于老板，不是要见这个美国人，而是要见我这个中国人，为什么呢？

两年前，我推荐的若干项目中，有一个他认真地干了起来。这个项目竟然是他逻辑推导出来的一个市场："造牧草。"

为了防止草原退化，治理沙尘暴，国家强制推行退牧还草政策，那牛羊吃什么呢？办法是圈养，圈养就不要吃草了吗？这可是个大市场。

于老板回到黑龙江就动起了脑筋，经过向专家请教，把玉米秸秆做成牛羊吃的草。怎么做？粉碎得很细，然后打包，发运给草原的养殖户。那产品火得供不应求。

特别是他做精了，他发现不同品种玉米的含糖量差别很大，他当然是专门选择那些含糖高的玉米秸秆做原料。两年来又卖草又卖大型粉碎机，赚了不知多少，但他满面春风的样子告诉我，肯定赚了不少。

总　结

如果能把链中的一个环,哪怕是很不起眼的一个环,做得透彻,很专很精,不可替代——那你将十分了得。

十一、敏感

对生活中看到、听到、接触到的某些事物,去联想它的商业价值

这里说的敏感,是商业意义上的聪慧和灵敏。表现在对看到、听到、接触到的某些事物,容易感受其内涵,产生商业价值的联想的能力。

敏感从哪里来?

——基础性因素,是来自商业历练中经验的积累,而产生的识别商业价值的眼力。

——直接因素,是来自创业的想法长期萦绕在心头,而形成的一种潜意识,这种潜意识在偶然中与某个现象发生碰撞。于是,一个新的项目就产生了。

★案例49:闲扯中,她握紧了拳头★

2006年夏天,湖南妹子雷芸大学毕业后留在了杭州。她

第二个问题　好项目来源之一："生"出来

想做点生意,但做什么生意,她心里也没谱。

逛街时,她走进一家小门面的汽车装饰店。雷芸与店里的老板闲扯了起来:"一年下来有不少赚头吧?"小老板扶了扶鼻梁上的眼镜框,仿佛十分不满意地说道:"唉,小打小闹,一年下来也就赚个三两套房子吧。"

几十平方米的小店居然有这么大的赚头,街上滚滚车流,雷芸觉得似乎是满天红红绿绿的钞票在飞。"好,就干汽车'洗脸'这一行。"她握紧了拳头。

投资需要资金,到哪儿找呢?

没几天,杭州几家媒体上,出现了一则显眼的广告:免费讲座,演讲主题是"千万富翁从天而降"。发广告的正是雷芸。一个听课的老板,果然当即拍板,投资300万元。

★案例50:鲜花插在牛粪上★

漂亮姑娘王红,和邻居闲聊,听邻居说有个河南人打听,有没有牛粪卖。说的人当笑话说,可王红却听出了玄妙。

为了找到答案,王红请那个人喝酒,被她灌得有些高了的客人终于说漏了嘴,原来他们买去的牛粪是用来种植双孢菇的。市场上一公斤双孢菇可以卖到8元钱,而且供不应求。

谜底揭开了,王红觉得这是个好生意。一头牛一天有十多斤干牛粪,一天一头牛可以挣7~8元钱。于是王红开始晒牛粪了。整整一个夏天，她晒了50吨牛粪。

2005年7月，那位客户真的来了，以5万元的价格收走了这些牛粪。

★案例51：为了狗的"贞操"★

北京一位女子，遇到小区里两位宠物狗主人，因名贵宠物狗怀孕掐架。

调查后她发现：

因为狗意外怀孕发生的纠纷加速上升，名贵犬种的比例很大。同时她还了解到，宠物狗交配是有讲究的，比如吉娃娃犬和猎狐犬杂交的话，生出来的小崽很可能携带致命病毒。

接着，她又在宠物网上发了调查帖：卖宠物贞操带，很多网友都表示希望购买。

说干就干。设计、裁剪，一个晚上就做了3个款式。然后在宠物店内试卖。一上午就来了5位顾客咨询。其中有一位先生的名贵母犬叫日本银狐，已遭受了5次意外怀孕，光"堕胎费"就花了1.5万元。最终，先生花了300元买了一件。此后的一周时间里，她就接到了12张订单。

由于购买者收入水平高，她就特别注重产品的个性，使产品样式绝不雷同。为了提升档次，她把玉石缝在宠物衣服上。

一年后，因需求量不断增大，她请了两位缝纫高手在家里帮工，如今她每月都能卖出上百件，利润稳定在两万元左右。

★案例52："本店关张，柜台处理！"★

天津汉子刘三在街头闲逛。见一家店铺门口横放着三五个柜台。上立纸板："本店关张，柜台处理！"

就在不远处，一家新店刚开业，鞭炮声声，震耳欲聋，火药味扑鼻而来。刘三此时心头如电闪过。只见他三步迈作两步，出了旧店进新店，出了新店进旧店，穿梭来往。转瞬之间，将柜台倒手。赚了三百元。

从此，刘三一发不可收拾。生意之道，有赚有赔。新店开张，柜台展橱必不可少；停业之店，柜台必将贱卖。

新的铝合金柜台售价500元，旧货却100元足矣。收购、清洁、打磨一新，卖300元。新店主何乐而不为？于是，刘三注册公司，专操此业，一干就是三年，赚了个盆满钵满。

总　结

为什么有的人能发现项目，而有的人就不能发现项目呢？西班牙有句谚语："一个心不在焉的人，走过森林也看不到一棵树木。"

这就告诉我们，有心才有敏感。"心"是创业的愿望。

十二、整合

找到各种独立资源和要素的关联。在它们的关系中，发现利润点

一般性地把项目所需的资源相加，是简单的资源组合。整合是思维创造的功力：

发现"资源之间"别人没发现的联系，在新的联系中产生新的功能；

把各自"独立的利益"关系联系在一起，产生新的利润点；

把自己可借助的各种优势集中在一点，实现某种市场突破；

在改变视角的前提下创造新的运作模式。

★案例53：空手运作"松坪山"★

松坪山是深圳的一个小区，有2 800多套住房。

汪昌镇没有选择装修行业普遍采用的"包工头"的路子，即几个人组成一个装修队伍承包工程。他另辟蹊径。

先与物业公司合作：他答应先交10万元质保金给管理处，住户有装修投诉，管理处可以从这里扣钱。

在居民领取钥匙时,把装修宣传单页放进户主资料袋,以物业管理名义发放,增强了户主的信任度。

合同签了,资金在哪儿?

汪昌镇约了一批材料商到松坪山看。告诉他们这里有2 800套新房要装修。一听这个,这些材料商的眼睛立刻就变了颜色——红了。但是要想进场,交预付金2万元。

一次融资二十几万元,10万元交给管理处做质保金。

下一步,站在大街上招兵买马。一下子招了10个包工队,每个包工队收取2万元保证金。

一年下来,做了500多套房子,净赚近500万元。

★案例54:一个模式,两大资源★

国内服装业面临着转型,原因在于原料成本徒增,人民币升值;金融危机之下,订单减少,大量OEM的服装企业纷纷由出口转内销。

千军万马的服装企业撤离OEM乐园,国内市场的拥堵可想而知。想要进入商场、超市,难免遭遇漫长的账期及高额回扣点。中国服装产业,焦灼无奈却又茫然无措。

同样茫然的还有二线城市的商业地产。大量的物业资源闲置,商业地产苦于招商困难"待嫁闺中"。

王通国的设计是:生产厂家负责供货,由商业地产负责卖场建设，而自己负责经营管理。

在货品售额中，厂家得55%；地产商得15%；而自己得30%。

就这样，他建立了一个"贩衣铁三角"。然后，将这一模式复制到了全国。

2006年，第一家ITAT品牌服装旗舰店落户深圳地王广场，紧接着赣州、自贡、郑州……

★案例55：狂想"桃花源"★

农民，一辈子的梦想就是盖一间新房。而城里人，则渴望山、水、空气和解决养老问题。

距杭州90公里的九思村的夜晚，路灯光透过葱郁的树林，8幢规格相同的乡村公寓错落有致，每幢四层，每层4个标间，陈设不亚于中档宾馆。

农民的好处：每户农家有12间标准房，一间标准房住一位老人，一位老人一天的吃住消费为30~50元，以此估算，仅7~9月三个月，农户的收入就可增加2万多元。城里人得到什么？花上5.5万元便可在此居住30年。

所有的改变，都源于一个叫朱民的浙江商人，和那个令人叫绝的商业设计：

由自己的联众公司出钱，帮农民把旧房拆了，在宅基地上建新房；新房产权和楼房底层的使用权仍属于农民，联众公司则得到 2~4 层 12 间房 30 年的使用权。30 年后，所有房间都回归农民手中。在此期间，农民在自己家里经营食堂，接受统一培训和管理，服务于楼上的 12 户老人。

对农户来讲，他们不用一分钱，就把新房造起来了，每月还能有个不错的收入。对城里的老人而言，好处是能够在宁静的乡村安度晚年，价格还比住养老院便宜。

总　结

整合，是依靠思维创造力，完成各种资源之间新的结合；是依靠对现存经济关系的理解，创造出新的联系；是依靠对经济体内部各种要素的把握，进行新的利用与疏通。

第三个问题

好项目来源之二:"选"出来

如何"选出"好的项目？先做加法，再做减法，然后按标准排序，最后重点测试，这是"选"项目的一大秘诀。

第二个问题　好项目来源之二："选"出来

"选择"的烦恼

人们对待创业项目，首先想到的是选择。大量的读者来信，都提出了与选项有关的问题，归纳起来有：

1. 因"找不到"而烦恼

"我能吃苦且很努力，可是为什么找不到目标？"

2. 因"做哪个"而犹豫

"有几个好项目，不知道该选择哪一个？"

3. 因"怕上当"而惶恐

"看好一个技术项目，却不知道是真是假？"

4. 因"没有底"而徘徊

"考察好了一个项目，却迟迟不敢下手。""认定一个项目很有前途，但不知道从哪里开始？"

除了"找不到"之外，其他问题都是有目标的，但要么是"不知做哪个"，要么是"怕上当"，要么是"不知如何开始"，要么是"迟迟不敢下手"。

即便是在我的周围，总是会有人问："现在干点什么好？"过了一年，这些人依然在问："现在干点什么好？"都是面对这个要干点"什么",而烦恼,而犹豫,而惶恐,而徘徊。

怎么办?

　　这里,以我本人要重新选择项目做假定。我经过了创业的风风雨雨,又经过了凤凰涅槃般的悟道过程。在这样的情况下,如果我要再次"走进暴风雨","而今迈步从头越"。我该怎么选择一个最适合我的、又最有钱景的项目呢?

　　我设计了四个步骤。这四个步骤,不能缺少,不能跳跃,不能颠倒,必须按步实施:

　　　　先做加法;

　　　　再做减法;

　　　　标准排序;

　　　　重点测试;

　　　　一大秘诀。

第三个问题　好项目来源之二："选"出来

一、先做加法

"做加法"，是在选择项目上，首先要开阔视野。视野是你的眼睛能见角度的宽窄，目力所及范围的大小，看到的事物的多少，内涵与品质的高低。这宽窄、大小、多少、高低，对项目的选择太重要了。

在读者来信、项目评估以及看到的《商业计划书》中，我接触了大量的创业项目。感触最深的，除了"纸上谈兵"之外，就是"视野狭窄"。创业者的思维被框在了一个圈子里，眼界被限制在一个很窄的范围内。

（一）思维局限的表现

1. 在产品种类上，都是面对个人消费

个人消费也叫终端消费，他们不知道社会的总消费中，70%~80%是生产性消费。生产性消费的门类之多，数量之大，远远超过生活消费。

2. 在行业种类上，多数是传统的加工业

都是我们身边随时能看到的，不是不可以做，但需要有某些特殊的优势。问题是在这两个行业之外，有着数量众多，不断产生，相对隐蔽的新行业或新业种。

3. 在项目形式上，总是首先想到开店

店不是不可以开，但强于同类的差异性在哪里？开店以外的商业模式有很多，即便是开店，也不一定需要铺面。无须硬性投入的经营模式有很多。

4. 在获利类型上，都是直接而非间接的

获利的途径有 100 条，直接取利只是其中的几条。许多事情的切入点是没有利润的，但是接下去的利润就大得不得了。

5. 在获利的时间上，都是短期而非长久的

许多项目都需要较长时间的准备。越是有独立优势的项目，越需要花很大的气力打基础、下工夫，以形成商业价值。

6. 在资本运用上，都是货币领先而非智慧领先

不知道动脑子。其实智慧才是财富的真正源泉。没有智力与资源参与的任何货币投入，都很难产生利润，甚至站住脚都是困难的。

7. 在服务对象上，通常定位在大学生和年轻人

他们的消费范围和消费能力都是极其有限的。特别是大学生的购买能力是很微弱的。他们似乎不知道在这个群体之外，还有着太多有特定的需求，有着很强的消费能力的群体。

8. 在产品种类上，都是模仿别人而不是自主创新

这个问题，已经在"项目是生出来"部分专门讨论了，

特别是指出了创造性地把项目"生"出来的12个"地方"。这里不再重复。

还有，在总体视野范围上，注重"实"的项目，而忽视"虚"的项目。只看到"有形"的事情，而看不到"无形"的事情等。

要开阔眼界，则必须打破这些框架。要打破这些框架，则必须相信，你的思维是被局限着的。

（二） 相信开阔的必要

1. 思维局限着每一个人

经验、阅历、知识积累对任何人都是有限的，信息不对称是绝对的。对于这一点，我相信每个人都有切身体会，许多事情，就是因为"不知道"才犯了错误，产生遗憾，造成损失。

所以，任何人理解任何事物，都只能从他所占有的知识和经验出发，从已经知道的道理与事实出发。

2. 选择项目一定要开阔视野

相信"人的思维是有局限的"这一事实，才可能有意识地开阔自己的"视野"，从而使创业者相信"那么多好项目我都不知道"，相信打开眼界的必要。

设想：

——在两个项目中选择一个，和在二十个中选择一个，哪个质量会更高。

——知道有三件事可做，与知道有三十件事情可做，哪个选择的余地更大。

进而知道：

——完全竞争与不完全竞争的领域都是什么，对选择项目意味着什么。

——市场化的自然资源的日益短缺，价格空间无限，对项目选择有多重要。

——国家面临的矛盾和困难，相对应的解决办法都是创业项目，这样的项目有多少。

——某些创新的商业模式，能在一定时间里形成垄断，这对选择项目又具有什么意义。

把视力的角度开阔再开阔，开到360度；把视野的范围放大再放大，放大到目力所及；把眼光放远再放远，远到10年以后。用什么办法才能打开眼界呢？

（三） 打开视野的方法

打开眼界方法有很多，仅就"开阔眼界，发现好项目"而言，有四条途径可以参照。

1. 多看

看财经类杂志，看财经类人物的传记。比如《商界》，如果你一篇不落地看上十本，你的视野就不同了。使你有感觉，有兴趣，甚至能够让你激动的项目就不会少于十个。

2. 多参

参加博览会、产品展销会及贸易洽谈会。大城市每年有多次不同主题的博览会，每次都有数以百计的企业参加。如果你对某个行业情有独钟，就参加这个行业的博览会或贸易洽谈会。

有针对性的"创业项目洽谈会"，是近几年兴起的，专门展示项目会议，那项目才叫多呢！不开阔眼界，不刺激思维，那才叫怪呢？

3. 多走

多走一些地方，留心地看，仔细地看，带着研究心态去看。对自己有兴趣的，有创意且新鲜的事物还要去问、去聊、去观察、去体验。如果能到国外去就更好了，看那里的人们都在做什么。

4. 多识

多认识企业界人士和专家级人物。比如参加一个企业家俱乐部的活动，可以认识几十个乃至上百个企业家。与他们相识、交流、请教，你会有别样的感受、意外的收获。

多认识专家。当你对某个行业特别钟爱，对项目选择有着明显的倾向的时候，认识这个领域的专家就显得尤其重要。

这里，我告诉你两个秘密：(1)咨询意识是智慧的表现。任何领域都有专家，听他点拨几句，胜你摸索几年。在他熟悉的领域，他知道什么是领先的，什么是欠缺的，什么是空白的，有哪些实际的需求是没有被满足的。

(2)专家，通常是愿意帮助别人的。与他们打交道，不可随意，要有准备；问题要具体，值得一问；要言简意赅，开门见山。

总　结

"先做加法"的目的是：打开眼界；打开眼界的目的是：知道"可做的事情原来有这么多！"要多长时间去发现这许多项目呢？要知道多少才够呢？要花多长时间考察，进而确定一个项目呢？给你一个参照数字：

当年的孙正义（软银公司总裁，曾当过两个星期的世界首富）用了在大学读书的4年时间"海选"了50个项目。毕业后专门用1年时间逐个考察，最后确定了一个：做软件。

二、再做减法

什么意思？比如你"海选"了50个项目，现在是一个一个地往下减。往下减，有没有个标准呢？凭什么确定这件事不能做呢？18 个。

1. 政策限制的

国家明确规定了有些领域是民间投资者不能进入的，有的行业的发展是在限制范围之内的。

2. 属于夕阳行业的

许多传统的行业已经逐渐地消亡，许多使用价值已经被新技术所替代。

3. 不环保的

这是高压线，一旦碰上，不死掉也是后患无穷，麻烦不断，除非你有解决的办法。

4. 资源紧缺的

原料、材料、辅助材料绝对量日益减少，或者被国家和垄断组织控制着的。

5. 季节性强的

不绝对排斥，但季节性的销售，终归要面对生产与销售的均衡、市场信息反馈的迟滞及资金占有量的增大。

6. 重量与价值比偏大的

单件产品重量很大，同时价值很小，毛利会被运费吃掉，没办法开辟外地市场的。

7. 易燃易爆的

必定会增加生产、储备、运输、销售的难度和风险，并时刻受到有关部门的监督。

8. 安全难度大的

比如食品，特别是婴儿及儿童食品，没有从原料采购到生产加工再到分销渠道的全程监控的把握，就不要涉足。

9. 目标群体消费能力很低的

如果你的产品和服务是面对一个消费能力极其低下的群体，又不可能在短时间内形成规模，赢利是困难的。

10. 技术不领先的

没有技术的先进就不可能有较强的功能，较低的成本，也就没有竞争能力。

11. 不可持续的

有许多事情，短时间看可以，长时间看就不行，种种原因导致不能长期地做下去。

12. 没有突出优势的

要么是技术的，要么是成本的、功能的、特色的，要么是地域的、自然资源的，要么是经营模式的，与同类相比，总要有点强人之处才是。

13. 需要转变消费者的观念的

"培养市场不属于创业者"。尤其是涉及观念的转变。那是政府是社会，是多个企业，在若干年时间里才能办到的事情。你何苦当"冤大头"。

14. 启动资金很大的

在没有前期的运作过程，不能充分证明项目的优势的时候，千万不要指望私人股权资本和职业投资机构给你投资。

15. 直接面对强大对手的

对方已有品牌、技术、市场和消费者认知，密集地占据着你所在的地盘。直接对抗是不明智的，除非有某种优势作为内涵的差异。

16. 没有清晰的客户目标的

你的东西是给谁用的，是不是得到了证实，这个问题是不是已经很清楚了。

17. 门槛很高的

高门槛包括资金数量、起点规模、技术含量、工艺难度、检测过程及认证标准。占了其中一个，就要慎重。

18. 严重依附于人的

你的存在是建立在别的存在的基础之上的，而这个"别的存在"又是不稳定的、自己不能控制的，终究有麻烦。不论是原料、技术和市场。

总　结

在这里，讲了在海选了许多项目后，然后按照上面的18个"不可做"，排除许多项目，那么还剩下多少？我不知道。剩下几个算几个。

在剩下的几个中，做哪一个呢？

三、标准排序

接下来是对剩余项目进行排队。排队的标准有两个：一个是"市场需求"；另一个是"自身优势"。然后，按照顺序进行测试。

（一）　先造两把尺子

1. 市场需求

需求必须是直观而具体的，这就需要把标准表现为五个"单项"（刻度）：（1）正当的；（2）恒久的；（3）潜在的；（4）有支付能力的；（5）客户目标明确的。

2. 自身优势

优势是创业者本身具有的强项。优势作为标准，也表现为五个"单项"：（1）专业的知识；（2）经验的积累；（3）拥有的资源；（4）独有的强项；（5）特别的兴趣。

（二）用尺子度量项目

1. 得出每个项目的得分

先用第一把尺子度量项目，每个项目占有"需求"的得分就出来了。有几个算几个。

再用第二把尺子度量自己，即自己对这个项目所占有的"优势"，然后得分就出来了。这五项，也不是自身对每个项目都有，有几个算几个。

2. 按照分值大小排序

就这样，用这两把尺子，把余下的项目，一个一个地度量。每个项目都会有两个得分，把两个得分相加，就有了这个项目"可行性"的绝对值。

接着，按照绝对值的大小排出序列，然后按照序列逐一地考察。

（三）用直角坐标定位

1. 用尺子做直角

用"需求"和"优势"两把尺子搭成一个直角。

横线的排列是由右向左：（1）正当的；（2）恒久的；

（3）潜在的；（4）有支付能力的；（5）客户目标明确的。

竖线的排列是由上向下：（1）专业的知识；（2）经验的积累；（3）拥有的资源；（4）独有的强项；（5）特别的兴趣。

2. 用斜线做项目

比如，有a、b、c三个项目，把它们分别代入直角坐标中，与横线与竖线中的项分别对应，这样，就知道了该项目在多大程度上符合"需求"与"优势"这两个条件。

再把符合的"项"的数相加，就有了量化的符合程度的结果，这就是该项目的优秀程度的绝对值。

总　结

排序的作用是，运用具体标准，对剩下的项目的内涵进行评价。假定，有了a、b、c三个项目的绝对值，它们的顺序也就出来了。接着，从最大值开始，进入项目选择的最后一步——市场测试。

四、市场测试

按照上面的步骤筛选出来的项目，只要程序正确，内涵真实，就应该是好项目。对这样的项目，就应该开始运作了吗？不行！还要用实验的办法去测试。

（一）测试目标

要知道四个问题：

1. 哪些人买你的东西？
2. 为什么要买你的东西？
3. 你的东西比同类产品更好吗？
4. 你的东西能够满足未被满足的需要吗？

（二）测试要点

1. 利益是关键

利益，是需求的满足或实现。利益，是吸引顾客放弃原来的产品，而选择你的产品的核心。

利益，即产品对需求的满足，有两种情况，一是这种需求已经存在，还没有被满足的。二是已有的产品能够满足他的需求，你的产品比已经有的更好。

2. 只要一个点

利益的满足可能不是全部，也可以不是整体最好。这要靠差异的优势——产品细分了他们的一个部分的需求或一个点的需求。

总之，产品能否给用户带来利益，是可以测量的。

（三）测试方法

方法是，你的产品是要卖给谁的？那就让他用。他说行，就行；他说不行，就不行。

★案例1：电动扳手★

我的一位同学找上门来与我谈一个项目。项目的名字叫"电动扳手"，是给汽车换轮胎用的。其先进性在于省时省力。他介绍了拥有该项目的公司如何正规，发明人有多少头衔。并拿出一摞文件，有专利证书、技术鉴定等。还有关于成本和销售价格以及广阔的市场前景的分析。

我说，姑且认定这些都是真的，可这一大堆"真"又能说明什么呢？关键是如今道路状况改善了，扎胎的事情很少了。现在司机使用什么换轮胎呢？是手摇和脚踏扳手。省下那十分钟，司机是否在意？用汽车电瓶里的电，司机是否愿意？比脚踏扳手多花200元钱，司机是否乐意？这才是项目的关键。

最后我告诉他，我也只是提出问题，谁来回答呢？是司机。把样品拿来或买来交给司机们去用，他们说行，那就行。

十年后：红阳机械有限公司，从1997年出现了亏损，工厂陷入半停产状态。这时，一项专利产品——电扳机出现在公司领导的面前。

第二个问题　好项目来源之二："选"出来

李某对产品灿烂前景的描绘，再加上红阳机械有限公司对寻找新的增长点的迫切渴望，使红阳机械公司购买了电扳机的专利。花了 10 万元一次性买断。协议规定以后每出售一台，李某提 20 元。协议一签，红阳公司就立即轰轰烈烈、声势浩大地干起来了。刘总在公司员工大会上说："电扳机是红阳的希望，这一搏如果成功，我们将走出困境。"

工艺标准化后，4 个月就生产了 1 万台，在库房里堆积成一座小山。市场方面始终没有起色。全公司四个推销小分队奔赴全国各地，到小轿车生产厂家、出租汽车公司，甚至是维修点去推广，然而收效甚微。几个月下来只销售出去 36 台。

一天，刘总无意间听到本公司小车司机说："那劳什子，送给我都不愿用，既费马达又费电，还不如我用手摇扳手快。"听者有意。司机的一番话彻底击碎了刘总的美梦。望着堆积如山的电扳机，刘总流出了悲伤的眼泪。

总　结

做测试的话，目标、要点、方法都是要知道的。其实做起来很简单，即"让用户说话"。

这里，特别强调：测试，不是"问卷调查"。要么是实际使用后的结论，要么是掏不掏腰包的问题。

补充：选择项目的奥秘——资源占有

什么项目最安全、最可靠、最稳定、最可持续、拥有最高收益？我的研究结论是："资源。"

首先是自然资源——自然物本身就是产品——如土地，河流（水），森林，矿产（有色金属、煤炭、石油等）：

1. 资源是任何一个产业的终极根源——需求恒久；
2. 资源有限不可再生——价格无限；
3. 垄断性（如水库）——无竞争。

★案例 2：抚顺关山二水库项目★

这个项目以资源占有为基础，具有区域垄断、市场稀缺、价格空间无限等特殊优势，几乎是绝无仅有的好项目。

1. 项目背景

为了振兴东北老工业基地，抚顺正在建设 120 万吨乙烯厂；同时为了解决乙烯厂的用水之需，兴建关山二水库，作为其配套工程。

出于对生态、地下水、土地占用、移民等方面的考虑，国家已经不再批准建设大中型水库。这个项目是借助关山水库（一库）"续建"的名义获得了批准。

2. 项目特点

（1）稀缺资源占有。

该项目占有两大稀缺资源：水和土地。随着人口的增多和经济的发展，这两大资源将越发稀缺。

世界淡水资源严重匮乏。根据资料，全球三分之一的人口面临着水资源不足。《纽约时报》指出："昨天的战斗是围绕土地展开，今天的战斗是针对石油，未来的战斗将集中在水资源的争夺上。"我国水资源的人均占有量为世界人均占有量的1/5。全国有400多个城市缺水，90%以上的城市水环境恶化。

（2）区域垄断。

一坝断水，将180平方千米的地表水纳入库中，排除了再建的任何可能，在该流域内，自然形成了区域垄断。

（3）卖方市场。

水产品的不可替代性、区域垄断性、需求无限性，共同形成了当今市场经济中的极为罕见的卖方市场。中石化已将关山二库纳入用水计划，签订了供水合同。现申请要水的有：拉古工业园区、东洲工业园等。设计库容对满足需求而言，已经产生了缺口。

（4）价格空间。

此外，无限的、简单的经营管理，衍生出项目——桶装水、砂石场及生态旅游。

建水库要很大资金啊，所以，虽然资源好，但一般人做不了。

总　结

项目来源之一：是把项目"生"出来。

项目来源之二：是把项目"选"出来。在诸多项目中选一个，是件挺不容易的事情。通常存在：因"找不到"而烦恼；因"做哪个"而犹豫；因"怕上当"而惶恐；因"没有底"而徘徊。

现在知道了，只要把选择作为一个过程：一个在寻"根"中增长能力、增长识别好项目的能力的过程，只要制度性地把过程设置为四个阶段：从开阔眼界开始，经过系列排除和应用标准排序，再到实际测试。就能够选到一个不错的创业项目。

第四个问题

好项目来源之三:"拿"过来

如何"拿"来好项目呢？两种途径：一是代理一个好产品，二是选对一个好盟主。

第四个问题　好项目来源之三："拿"过来

"拿"过来，就是把别人的好东西，直接拿来，当做自己的创业项目。拿来的方式有两种：一是"代理"，二是"加盟"。

一、代理一个好产品

代理，是做别人产品的销售代理。做别人产品的销售代理，既是非常好的创业项目，也可以当做创业起步的很好的方式。

（一）产生能力的实践途径

创业中什么最重要？人的本事和项目的优势。人的本事是基本问题中的主要方面，是对创业过程与结果起主导和决定作用的真正创业资本。

1. "开板就练"的好办法

人的本事从哪里来？创业实践的历练是唯一途径。这就存在一个问题：许多人没有创业历练，因而就不具有这种能力，那就不要创业了吗？

前面讲到，把选择项目作为一个实践过程，是个办法。还有一个办法，能让让你"开板就练"，"从小做起"，一个能力与实践对接的点——就是做销售代理。这是让创业能力的产生与实践同步的好办法。

2. 销售能力的修业场所

按照通常套路，人们总是先把产品鼓捣出来，然后再找市场。如果市场拱不动，前期投入就泡汤了。为什么不可以用逆向思维的方式，先做市场呢？

问题是：先做市场，卖什么呢？活人能让尿憋死吗？买别人的产品嘛！在买别人的产品中：锻炼自己做市场的本领，增长做市场的能力，建设自己的销售网络。

有了这个能力与客户资源，你就主动了，这时候通常有两种选择：一是把这个产品做大，做职业经销商；二是把自己的产品弄出来，自己给自己做"销售代理"。多少成功的创业者都不自觉地走了先市场后工厂的道路。

（二）创业起步的重要策略

1. 门槛不能高

创业面临项目选择，选择项目一定要与自己的资金能力相结合。千万不能选择一个启动资金很大的项目，千万不能指望靠别人的大额资金来启动项目。而做代理，恰恰不需要很多资金。

2. 开始要借势

创造自己的项目的核心优势，不是件容易的事情，不是一日之功。这样的话，借势就成为必要，借助某种强势，获得能够为已所用的力量。代理知名的品牌或者知名的企业的产品，是借了优秀的技术成果、公认的信誉、稀有的资源的"势力"，这些，是别人长期打拼积累形成的宝贵资源。

3. 风险要防范

创业的风险是项目没有做成，前期投入泡汤了。其根源是项目和本事不行。而代理一个好产品则没有这两个问题。项目开发的过程、市场目标的定位、运作市场的模式，甚至销售的基础和工具等，都是已经具备了的。如果你投入的资金与产品数量对应，即便是做不好，退出也是简单的。有资金损失，也是微不足道的。

（三） 落实 "先后" 的最好办法

《民富论》中的"20个先后"，已经被编入到了《世界著名经济学管理学大师名言》中。其出版后已连续三次再版。

1. "先打工，后老板"

"打工"是给别人干，"老板"是自己干。"先打工，后老板"的意思是：为了自己干，先给别人干。

"代理一个好产品"则是二者的统一。为别人销售产品，人家已经提供了产品等基础条件，这很像是打工。与此同时，你是独立运作，自主经营，自我约束，效益与收益对等，这更是在创业。

2. 先探索，后真干

"探索"是探路摸索，"真干"是真金白银的投入。"先探索，后真干"，是在实实在在地干起来之前，先试一试。

探索对理解一个项目是必要的。一是要知道自己作这个项目是否适合；二是检验这个产品效用是否真实可靠；三是对项目构成要素的理解（技术、功能及市场目标等），将这三项结合起来，是做好一个项目的资格，而这个资格的获得，可以通过"代理"来完成。

3. 先配角，后主角

市场这台戏中有好多角色。初上舞台的人应该扮演主角还是配角？"主角"是相关领域的"头羊"、"老大"、"主导"、"主体"。"配角"是产品流程中的环节，比如"配套"、"辅助"、"服务"等。代理一个好产品，恰恰是在做配角。

"先配角"，具有：起点不高、起步较快、容易生存、风险较小等优势。因为借助别人创新的技术、成熟的模式、成功的范例，是紧跟大势中的成功者或与之同行。

4. 先务实，后务虚

"务实"，是干实在的、有用的、重要的、紧迫的事。一句话："与你的产品能够卖出去最直接相关的事。""务虚"，是干形式的、表面的、风光的、排场的事。一句话:"与你产品能够卖出去不直接相关的事。"

代理一个好产品,正是一开始就做销售这个实实在在的事情,可以把那些形式创业的东西,纸上谈兵的东西统统抛弃。有些,可以等业务稳定了再办。

5. 先困难,后容易

创业永远是一路问题,全过程会面临许多问题和困难。最突出的问题,一定要放在首要的位置,下工夫花气力先解决好。而其他容易办的事情,花了钱就可以解决的先缓一缓,随条件成熟顺便就办了。

而销售,是创业中最困难的事情(除了核心优势的打造),一开始就接触这件最困难的事情,把它解决掉,以后的路就好走了。因为:

——最困难的是最基础的。比如盖房子,有多深的地基就有多高的房子。

——最困难的是最关键的。销售关系着企业的存亡,一旦解决了,其他许多问题就会云开雾散迎刃而解。

——最困难的是绕不开的。面对困难就不能懒惰,不能拖延,不能畏惧,不能心存幻想。

做代理,就是一开始就面临创业乃至做企业的,不可回避的最基础、最关键问题。敢于面对并做好，其他事情就好办了。

总　结

1. 创业本事是练出来的，这就需要一个便于从小做起练本事的事情，这个事情是什么？

2. 做什么都不能回避市场，销售能力是创业本事的重要构成部分，能把这个本领先练出来吗？

3. 创业起步需要策略：门槛不能高，开始要借势，风险要防范，这些问题，有没有统一解决的办法呢？

4. 创业内在规律的诸多"先后"都很重要，有没有一个办法，能体现多个"先后"呢？

——四个问题一个办法：创业从代理一个好产品开始。

还有一种"拿"过来的创业项目，比代理更直接，相对更容易上手，更容易成功，那就是加盟一个好品牌。

二、选对一个好盟主

（一）乱象丛生加盟业

1. 金子般的承诺

一封读者来信说了一个加盟的故事：

我在报纸上看到一则一家法国香熏饰品的加盟广告，加盟

第四个问题　好项目来源之三："拿"过来

商承诺：保证货品价格同行业最低、百分之百退换货、做不好的店总部将派人扶植或提出收购和转让等，可随时无风险退出加盟。

我打电话到北京总部。一名小姐不厌其烦地解答我们的问题。此后，这个小姐不断来电劝我们早动手抓住机会，说要是别人做了有区域保护的加盟，我们就做不成了。于是我们很快就加盟了。

第一批货到了以后，我发现很多货都是别人的退货：许多包装已经破损；品种不全，还不及订货的一半。价格，比本地高一大截。

谁能相信这就是所谓的法国名牌？

打电话到招商部要求退货，小姐回答：退货要经过物流部核准，必须在没有破损，不影响二次销售的情况下才可以退款。要解除合同，货必须完好无损，否则不退，保证金也不能退！

8000元货款全扔了，装修费、门面租金也打了水漂。

2. "掉渣饼"之类

20世纪的最后一年。我参加"重庆国际旅游产品博览会"。我的一个总经销请我吃了一顿鸭子。

他问我："你知道买货排队的事情？半年前，要排2～3个小时的队，才能买到一个'馋嘴鸭'。那个真叫好吃，不等你进门，就闻到那个香味……"

这又是一个加盟连锁的故事：

鸭子着实好吃，于是开始火爆起来，于是就开始加盟连锁。一条街上就开了八家连锁店，几个月时间，一个区就冒出了几百家。

接着，秘方泄露；再接着，秘方被倒卖，加盟费由 10 万元到 5 000 元；再接着，开连锁店的人也不断地由伙计到老板。

"忽如一夜鸭子来，千街万巷连锁开。"

（二）选对盟主是关键

选择盟主是加盟的关键，其理由是：

并不是我们自己来开发一个产品、打造一个品牌、创造一种经营模式。而是借助、克隆、复制别人的。那么这个原形、这个底片的好坏就是关键吗？什么样的底片是最优秀、最成熟的呢？

1. 有生命力的行业

通过加盟来创业，同样需要有长远的重要观念。对自己，是要全身心地投入。对项目，则必须是社会的持续、恒久、有潜力的需求。

哪些行业是有生命力的？

回顾历史，放眼未来，餐饮、超市、便利店、汽车服务、幼儿教育等，都是与人，与社会发展趋势紧密相连的。

2. 有生命力的品牌

特许加盟在我国并不很成熟，但却是风风火火很热闹，潮起又潮落，推倒又洗牌。

这就要求创业者务必保持冷静的头脑。君不见有多少品牌，"呼啦"一下子火爆起来，热遍九州；又"呼啦"一下子看不见了，云消雾散。如果贸然加盟其中，进去便碰上退潮，岂不惨了。

3. 警惕虚假的承诺

比如：

——拿钱就授权。大牌的、正规的加盟企业，对要求加盟者都有一个资格审查程序。不仅要求有资金，还要考察你的商业活动经历及管理能力。

——特高的回报。这样的广告很多，比如，"两万元加盟，当月回本"，"投资6万元，年赚60万元"。但凡有过操作实业经历的人都知道，正当的生意不可能有这么高的回报。

——全额权利金。就是要求加盟者一次性缴纳合同期间的全部资金。这样的要求有悖行业通行的做法。多数连锁加盟是一年缴纳一次，也有季供、月供的。

（三）选对盟主有办法

对盟主的考察主要有这样几点：

1. 认真审查对方的相关文件

法人资格、注册商标、专利证书；可供传授的经营模式、技术诀窍、经营业绩等。

还要特别注意：

——各种费用条款。加盟费、缴纳期间、缴纳方式、加盟费以外的各种费用。

——投资人的权力。即投资者必须获得的东西：经营技巧、商业秘密、开业前培训与指导、新的资源与信息共享及相关物品的供给等。

2. 直接考察已经加盟的店

这点最重要。可以请他们提供一份加盟店的名单，然后亲自去考察。至少要考察三个。

考察的方式，最简单的办法是以顾客的身份去消费，从而全面感受。最好的办法，是进去干上十天半个月。还可以装扮成几种角色去了解情况。做到心中有数。

3. 绝对不可以动摇的原则

什么是有生命力的行业？什么是有生命力的品牌？什么是成熟的技术和运作模式？什么是正规、成熟的、负责任的加盟商？

——三年时间，已经存在三年以上时间的。没有三年时间，绝对不要考虑，也没必要下工夫去考察。

（四）对于品牌要忠诚

一旦已经加盟了一个品牌，就一定要高度忠诚，因为，忠诚是成功的保证。

1. 不可高枕无忧

不要以为，选好了盟主，就万事大吉了，就可以守株待兔、坐地收钱了。还要全身心地投入，扎扎实实地做好每个细节。全心全意体会技术与模式的精髓，逐渐消化成为自己的东西。

2. 千万忠于品牌

成功的、成熟的品牌是经过多年的探索，几代人积累的结果，不要轻易改动：偷点工、减点料、提点价、省略过程、忽视环节——这都是万万使不得的。

总　结

选对盟主，就是事半功倍。忠诚品牌，就是忠诚自己。

讲了好项目的第三个来源："拿"过来。两种拿法一个关键——"好东西"。代理，一定要代理好的产品。加盟，一定要加盟好的品牌。有了好东西，只要你不呆不傻，不懒惰，没有做不成的道理。

讲创业，首先要说清"确定项目"的问题，我用"三个来源"做题目，讲了与项目有关的问题。这是创业全部问题的一半，由于这一半是开始，所以是最重要的一半。

没有好的项目，你的创业就一定不能成功。但是，有了好的项目，也不能保证你的创业就一定能成功，因为，后面，还有很长的路要走。

第五个问题

创业资金解决之"道"

创业者应牢记：

1. 创业是创业者蛹化为企业家的自我再造的过程；
2. 找到小额资金启动的项目，从小做起是最重要的；
3. 培育项目的核心优势，是得到资金支持的条件。

第五个问题 创业资金解决之"道"

首先我将描述创业者寻找资金的痛苦历程，和不可能有任何结果的必然。然后，从创业本质和资金本性出发，指出解决创业资金的现实道路。

要"路"通，则应先得"道"。不理解创业本质，就不懂得资金在创业过程中的地位和作用。不理解职业金融机构的本性，就不了解资金与项目之间有条件的相互需要的关系。进而知道：得到资金的条件，是创造资金需要的项目的条件。

在讲"道"的基础上，指出，"商机—计划书—风投"是一个荒唐的公式。这个公式，让创业者把虚幻当成真实去追逐，空耗了时间和金钱，消磨了宝贵的激情，使得创业者把融资作为创业的前提，让创业永远停止在资金前面。

要让创业者牢记：

1. 创业是创业者蛹化为企业家的自我再造的过程；
2. 找到小额资金启动的项目，从小做起是最重要的；
3. 培育项目的核心优势，是得到资金支持的条件。

★案例1：小伙 PK 姑娘★

对创业者来说，资金好比是你理想的姑娘。可是怎么得到她呢？

有人告诉你：写情书，把自己描绘得如何之好，然后全世界地发，你理想中的姑娘就会投向你的怀抱。不行！

如果你发愤图强，把全部精力都用于打造自己以成为强者，你的事业勃勃生机，蒸蒸日上。这时，她要问：行吗？

两个引资的故事

★案例2：一个城市的瘟疫★

2000年冬天，我的一个同学带来两个人。他们中的一个是政府项目的法人代表。找我的目的是听说我有个同学在国外银行工作，看看能否接触一下这家金融机构以获得投资。

我直截了当地告诉他们：不可能。当然作了解释：

——中国没有开放金融市场。外国资本在中国都是直接投资，形式是中外合作或独立投资办企业。

——也有国外的股权资本（基金），通过注资、收购等手段"并购"国内企业，比如，多家海外基金并购双汇。

——他们的目标是明星企业，而不是创业项目。最终目的是出售公司股份或者上市后变现，回报基金投资者。

我说，大老远来了，请你们吃顿饭就回去吧。就这顿饭，让我听到了一个骇人听闻的引资故事：

一个地级市要建发电厂，政府向市民承诺："谁引来资金，谁就是这个项目的法人。"于是，十几个自认为有些能量的人，带上政府提供的全套文件，踏上了漫漫引资路。

目标：寻找"银主"——有巨额资金的人或机构。

办法：业内人士介绍。

地点：北京、上海及广州。

过程：先见到银主代理的代理，再见代理，再见银主的助手，最后才能隆重地见到"银主"。

这一过程的每一步都要花钱几万元。特别是找到"银主"之后，要表现出很大的诚意，要满足银主的特殊要求——当然是有人点化。比如，一次要来一打小姐裸体跳舞，然后从中挑选……

日消万金的谈判后，进入"封闭工作"——签署文件。签完了，一切就 END，就 OVER 了。剩下的事情是等待，然后是等待，最后还是等待。

两年过去，十几个"项目法人"没有一个引来资金。每个人花费百万元左右。钱是借的，还不上，引发了大规模讨债：绑架、杀戮、跳楼、服毒……如同一场瘟疫。

我眼前的这位"法人"在与我见面之前的一周，因为怕其儿子被人绑架，就将他反锁在房子里。孩子经不住没完没了的电话恐吓和接踵不断的砸门，神经错乱跳楼摔死了。

★案例3：一个朋友的故事★

我的一个朋友，当上了中油吉林分公司校办企业公司的总经理。在任六年做了一件事：引资。

项目是与台湾姜格详老板合作，生产工装皮鞋。姜老板提供生产线，校办公司提供厂房和流动资金。先开一条生产线，有600万元就够了。

为了引资，六年中，他千方百计、起早贪黑地到处找钱——为引资所需要的费用。六年中，共花掉引资费1 100万元。

1 100万元是陆续弄来的：卖了几个校办工厂；向好的校办企业收取管理费；清理大公司内的欠款；把花费900万元刚刚建成的办公楼抵押给了银行。

六年过去了，一分钱也没引来，弄得天怨人怒，后来以渎职罪判二缓三。

第五个问题 创业资金解决之"道"

一、创业生死之"魂"

创业有道,在这恒久之"道"中,首先是创业者之"魂"。"魂",是超越货币,乃至全部资本形态的"真实存在",是对创业全过程起主导和决定作用的,最具资本性质的"真正资本"。

这个"真正资本"是如何被发现的呢?规律存在于现象中,失败是对规律的违背,把失败的原因追究到底,就发现了规律。

(一) 创业成败的根本原因

一个项目成败的真正原因究竟是什么?是缺少资金吗?十年中我干了五个项目,死掉的不是因为缺少资金,活下来的也不是因为资金充裕。几乎没有例外的事实证明:决定创业成败的首先不是、主要不是,起决定作用的更不是——资金。

是决策失误吗?是项目选择吗?是质量功能吗?是市场定位吗?是技术含量吗?是成本控制吗?是管理水平吗?都很重要,但归根结底又都不是。

到底是什么呢?

1. 从创业的过程看

创业，是成功与失败相互融合、相互包含的过程。为什么这样说呢？在新企业的发展过程中，阶段性结果是失败的，但在失败中就包含着许多成功的因素。阶段性结果是成功的，但在它成功的道路上有无数次的失败，在成功的当口就潜藏着许多失败的因素。

所以，成与败是创业过程中的断面，是多种因素在一个时空点的集合而产生的现象。因此，它们不具有永恒性与独立性。

不具有独立性与永恒性说明什么？说明成功与失败的本身，并不具有自主性和真实性。不具有自主性和真实性又说明什么？说明它一定是被决定的事情。这个决定性因素必定在这个过程之外。

2. 从创业要素看

哪个是成败的关键？一本谈论企业的书说有35个关键，我也曾经思考出了27个关键。

营销是关键？背后是质量和功能；质量功能是关键？背后是技术及其装备水平、技术成熟程度、人的素质等。营销的基础还有价格，价格的背后是成本，成本的背后是方方面面、点点滴滴：

包装是用绳子还是胶带——"一般人我不告诉他。"

可见，企业是个系统。十米电线连接灯泡，九米是关键还是一米是关键？在整体内部寻找关键是思想路线的错误；认定其中的某一个是关键，是思维不彻底的表现；强调系统中的任何部分是关键，等于什么都没说。

3. 一个确凿的结论

真正的关键一定是在"过程"与"要素"之外。企业从无到有，自始至终，都被这个"外部力量"决定着。

事实的启发、成败的透析、关键的追究，把我的思维引向系统与过程之外。一个"创"字把"人"与"物"连接起来。是人的灵性渗透到物中，一切资源与要素，都是这个"灵性"的载体。

——是"灵"决定物的一切：存在、配置、组合、效能；

——是"灵"赋予物的生命：孕育、出生、发育、成长；

——是"灵"决定物的过程：寻根、模拟、运转、渗透。

我把这个深藏不露而又无处不在的"幽灵"，也就是创业投资中所要投入的"资本"，叫做资本的灵魂或具有灵魂性质的资本。

（二） 什么是资本的灵魂？

资本的灵魂是：具有灵魂性质的资本。

1. 一个独立的存在

资本是对财富增加而言的，以往的多种形态的资本，不论软硬，都不具有这个属性；而对"灵魂资本"而言，它表现为要素。因为，离开灵魂资本，什么就是什么。机器就是机器，技术就是技术。而灵魂资本对于财富的创造与增加而言，才是最具有"资本"性质的资本。

所以，"灵魂资本"，是独立于要素资本之外，超越于要素资本之上，渗透于要素资本之内，对要素资本起统领和主导作用的，一个真实的独立存在。

2. 称之为"F"资本

"F"资本的定义为：对创业特殊规律的理解和运用。表现在：整合资源驾驭要素的能力；落实到：对具体项目的通透和把握上。

为了区分以往的全部资本概念，给它取名"F"。借用微积分中：

$$S = F(A\ B)$$

其意义是：

"S"代表：决定一个项目成败的内涵；

"AB"代表："软"与"硬"两种要素的无尽系列；

"F"代表：A 和 B 相加大于和、相乘大于积的关系。

"S＝F（A B）"的公式表示：创业是"F"与"AB"的关系。成败决定于"F"的存在，以及"F"对"AB"的作用程度。

3. 与要素资本的关系

灵魂资本是怎样对要素资本发挥作用的呢？我用"冲合"来解释。老子讲"万物负阴抱阳，相冲以为和"。

创业者是茶壶，是"冲合"的主体；项目是杯子，装着项目要素；茶、冰糖、菊花，是"冲合"对象；灵魂资本是水；创业人的智慧，是"冲合"的内容。

"冲合"，就是人——通过灵魂——对要素发力、释放能量。作用的结果是水作为一种介质，以其自身的冲击力、温度、时间等一起，使要素相遇而合，生化成新的结构体。

"冲合"的根据源于自然。天地万物具有"合"的内在倾向。冲合，正是对自然的顺应、对文明的采集。例如，物理和数学：计算机；化学和生物：基因工程。天地之合生万物，男女之合生孩子。

★**案例4：用比喻来理解灵魂资本**★

一说创业就先找钱，然后带着计划书踏上漫漫的引资之路，满世界寻找银主，不乏执著。

"武林至尊，宝刀屠龙，号令天下，莫敢不从。"引资人的行为很像武林中人：跋山涉水风餐露宿寻找屠龙刀。以为找到了它就可以出人头地，鏖战江湖。

如果真的找到了，屠龙刀在手，那你是谁呢？你还是你，连拳打脚踢都还没练过，非但不能号令武林，相反只能被高手杀死。

杨排风——满族人。假设关公战秦琼，屠龙刀大战烧火棍子，结果是不言而喻的。

（三）发现"F"的作用

1. 突破资本概念的束缚

是传统的资本的物质性概念束缚了我们，引导着我们的思维，误导了我们的行为：把创业简单地理解为投入货币资本是由传统的资本概念派生的要素观念，引导我们注重要素本身而忽略自己。比如：

★案例5："知识经济"的误导★

把知识（包括技术等）当做资本要素，引导人们把知识本身看成创业资本。以为只要有了知识就可以"经济"了，凭知识就可以创业了。

这种想法忽略了三个转化：理论到技术的转化，技术到产品的转化，产品到市场的转化。什么是完成转化的关键性力量？是F资本。

比尔·盖茨说微软的千亿美元都在他的脑袋里。人们把他脑袋里的东西看成是软件，Office，Windows XP——错了。软件占10%，90%是F资本。

因为软件的价值是由流通数量决定的，创造流通数量的什么？是把软件市场化的能力，是商业才干和商业手法，比方说把应用软件捆绑在视窗上一块卖。

2. 明确积蓄资本的方向

剑是为了杀戮而存在，杀戮的艺术就是剑魂，是对剑的超越。资本是为了增长而存在，增长的艺术是资本灵魂，是对资本的超越。

真本事不在剑本身，在于人与剑术的结合：剑魂。一把普通的剑能天下无敌。相反，手中有剑而心中无剑，是有其器而不得其意，有招式而不得其精髓，多好的剑也是烧火棍。

"F"资本的观念揭示了：创业，是投入一种创造性能力和智慧，是打开能量的开关。这种能力能量又只能通过实践获得。这样，就明确了获得和积蓄这种资本的方向。

总　结

灵魂资本，是区别于以往任何资本形态的独立存在。对于财富增加而言，是最具有资本性质的真正资本。对创业的成功而言，是最具有决定性的资本。创业，要打造和投入的是这样一种资本。

二、创业开始的"扑空"动作

所谓"扑空"，是指创业者把创业的第一目标指向资金，为此而进行的一切努力以落空而告终。是谁让他们扑空的？为什么一定会扑空？

★案例6：扑向资金而落空★

赵老师：

告诉您一件事。您能告诉我们该怎么办吗？

2008年9月份，我们经人介绍，在上海找到了一家融资公司。他们让我们把"方案"留下，等他们的电话。

一周后，他们约我们面谈。一个很有身份的人接待了我们三个人。一见面，他就高兴地告诉我们："项目经过初步论证，是可行的。只是《项目计划书》不符合融资的要求。"

我们说，您告诉我们该怎样写，或者提供个范本。他说，"要做出符合要求的商业计划书，只能由我们来做。如果你们自己做，拿到投资商那里行不行就很难说了。"

我们表示同意由他们做。可他们说，做一份商业计划书要15万元人民币。如果由国外机构做，要5万美元。由他们做，先付5万人民币的定金就可以开始进入工作了，等等。

我们很犹豫，担心交了钱，不能引来资金，希望您能告诉我们，这件事该怎么办？

万分焦急地等待您的回答。

我的回信：

就信中所说的事情，我认为不可靠、不真实，理由是：

1. 他们留下"方案"，过一周表示"可行"，是个诱饵。因为：一个项目的可行与否，要经过充分的调查，要有事实依据。一周时间是不可能得出结论的。

2. 项目的可行与否，是由投资人自己认定的，不是"中间人"或"融资公司"。一个项目的可行与否，更重要的是看创业者本人和项目，不取决于"计划书"由谁来做。

3. 做一份商业计划书，不存在"国际标准"。"项目包装"那一套是唬人的。做得漂亮点，500元足够了。

4. 做"计划书"，是他们抓住你们求钱若渴的心理让你们付钱，引不来资金你们无话可说。他们收的是"劳务费"、"中介费"，而不肯投资是投资商的事。

结论

融资公司不可信。如果你们心有不甘，可以向他们建议：先签合同，引资成功后付费。

还可以把做计划书的费用,打到公证处的账户里。融资成功后,从投资款中冲抵。

就是这样的前仆后继。找"风投"、找"天使"、找"银主"、找"融资公司"。义无反顾地扑向资金,成为当下创业者的起步动作。

通常的结果是:能凑起来的一点钱都被"融"去了;创业的激情在融资中"溶"化了;苦心寻到的"商机""海市蜃楼"了;在执照上赫然醒目的"董事长"也不那么"懂事"了;一切以"钱"为"钱提"的创业"钱景"黯淡了。

还干什么呢?你看着我,我看着你,该散伙了。

(一) 是谁教他们"扑空"?

为什么要这么干?有哪个企业家是这么干的?如果让企业家来回答这个问题,他们肯定会不假思索地告诉你:"等有了钱再创业,那你一辈子也不要创业。"

谁叫你们这样干的?是教科书中的资本理论强奸了创业的真实;是虚构的"计划书融资"的公式,迷幻了当代创业者。是谁制造了这样的公式呢?

1. 蒂蒙斯教授

他在其著作中告诉创业者,创业的第一步是写好《创业计划书》;他特别强调了《创业计划书》的极端重要性,并称之为是"你一生所写过的最重要文件"。之所以重要,在于用它可以吸引到"风投"。"如果"引来了资金,创业就大功告成了。

他还提供了"计划书"的范本。这里说一下其中一些"条目"的荒唐:

——大的方面:"你所属产业的整体规模","有哪些新技术、新产品、新的竞争对手将会出现","竞争对手的成本构成"。

——小的方面:"为投资人创造价值的数据","团队中每个人可以贡献的技术"。

——不可思议的是,要你这个创业的准备者,提供"经过税务稽核的财务报表","提供与供货商、经销商的合同","提供并购其他企业的方案"。

这是创业者能知道的吗?创业还没开始,就要把已经存在的企业的事情写成《计划书》,这是把创造企业与经营企业的先后过程颠倒了。

2. 创业管理学

以蒂蒙斯的《创业学》为蓝本的诸多《创业管理学》,把管理学的内容编织罗列,冠以创业的名义。把创业完成时、将来时的事情，拿到创业尚未开始的时期，让创业者写到计划书中。

这是对整个企业发展过程的时态颠倒。越过了项目的发生与选择，越过了必要的探索与试验，越过了创造项目的成活条件，越过一个新企业孕育、出生、发育、成长的全部创业过程。正是这样的书籍，这样的教材，引导了多少创业者，写出了让内行人一看就是"没干过"的《计划书》。引导了多少创业者，在创业初始便走上了靠《计划书》引资的错误道路。

3. 创业者自己

在许多创业者的意识里，有着高起点、大规模、快速度、一举成就大事业、一夜暴发的潜在冲动。

创业之始，指望靠得到一笔资金来启动，不仅不现实，更重要的是从根本上违背了创业投资的规律和本质。

让我们来设想，假如你得到一笔资金，几百万元或上千万元，那还叫创业吗？那叫玩钱、烧钱，结果通常是演一场创业名义的闹剧。这样的闹剧我们见得还少吗？

（二）为什么一定会扑空？

1. 没有现实性

在中国，靠吸引资金办企业，有这样几种情况。一是合伙，出资人同时也是经营者；二是补充，对成长中的企业募集一部分资金；三是借贷，其性质不是投资。四是嫁接，运用成熟的技术去和资金嫁接。

把钱交给别人做事不是绝对没有，这就需要把项目做到一定程度。有了这个"前提"，还需要对创业者人品的认可。

外资在中国是直接投资。"引资"引来的，是项目而不是资金，是老外带着资金自己来干。

有间接投资的国外金融机构，选择的都是政府项目：公路、铁路、桥梁、地铁、水电工程，如广西天生桥水电站、小浪底等。

国外金融机构也还要向中国的保险公司投保，由于中国的保险公司没有"项目险"这个险种，他们采取变通的办法：把项目分解，投"资产险"。

创业之始，指望运用别人的巨额资金启动，在中国不具有任何现实性。

2. 没有真实性

"中美创业论坛"的主讲嘉宾谢洛德说，在美国，创业主要靠自己的信用卡和家族与朋友的帮助。美国人罗伯特写了本《创意评估》。里面讲到，美国的风险资金投资人在接到的1000个《计划书》中只看20个，在20个中只选1个。

按照"土著"美国人的介绍，在美国，用《计划书》融资的比例是：1‰。这，能看成是项目与资金结合的创业模式来引导创业者吗？

《美利坚合众国演义》一书介绍了美国 100 个企业的发家史。包括福特、摩根、洛克菲勒、通用电器、国际电话电报公司等，他们的爷爷的爷爷个个都是白手起家。

中国人从乔致庸的爷爷到李嘉诚、王永庆，再到如今的老板们，有哪一个不是从小做起。松下幸之助也不是有钱才创业，是年轻时身体不好不能上班，不得不在家里做电器开关。

十年中我干了五个项目，死掉的不是缺少资金，活下来的也不是因为资金充裕。

★案例 7：我的一段创业经历★

1995 年我与台湾宏伟公司合作生产强化固体燃料，投资一百万元，干了半年一败涂地。痛苦与劳累迫使我住进了医院，治疗了两个月，思考了两个月。

出院后我另起炉灶，自己独立投资继续干这个项目。结果呢？总投资 5 万元，第二个月全部收回。之后，以每个月净利润 2 万~3 万元的规模持续运转。

3. 没有科学性

资本之魂的理论证明：决定创业成败的首先不是、主要不是，起决定作用的更不是——资金。

是人的灵性渗透到物中，物就成为人的灵性的载体，是"灵"决定物的存在、配置和效能；是"灵"赋予物以生命的孕育、出生和成长。

假定你引来了资金，就能创业了吗？好比你要作画，就先买来了最好的笔、纸、墨，如果这样你就能画画了，那你不就是齐白石了吗？

作画靠的是工夫，工夫是练出来的。没有练的这个过程，有什么样的好笔都没有用。

总　结

扑空成为一种群体现象、集体行为，是错误教育的结果，理论的证明和几乎没有例外的事实告诉我们，舶来品的伪科学，把青年的创业引向死路。

真正的创业不能从融资开始，只能是从小做起，在艰难困苦中求生存。没有这个过程，任何创业都是死路一条。

三、创业本质决定解决资金的道路

从"创业本质"理解资金，讲清解决资金问题的现实途径。

（一） 创业的本质

本质，是由事物中最基本方面的矛盾关系所规定的。创业的基本方面是创业者和项目。在它们的关系中，创业者起主导作用。

创业者的主导作用，体现为创业者的能力。能力，可以追溯到人在生命长河中积累而形成的素质；对创业而言，能力只能来自创业的实践。

1. 推导，是内在真实的描绘

创业，是在创业者的主导下，一个项目孕育、出生、发育、成长的过程；与这个过程同步，是创业者增长能力、蛹化为企业家的过程。这个过程是一个人凤凰涅槃般的浴火重生的过程。可见，是实践中产生能力，能力的载体是创业者，创业者主导创业项目。这样，我们可以这样总结创业本质，即"创业者的自我再造"。

2. 再造，是浴火重生的涅槃

创业，是一个经过了脱胎换骨、不同于过去的、新的自我的创造过程。这个过程好比是跳进了"八卦炉"，炼上七七四十九天才有火眼金睛。这个过程好比是掉进了"球磨机"，经过了粉身碎骨的研磨，原形被弄成粉末后重新成型。

新的你，是一个理解了创业的真谛，懂得了新企业发生的真实情况，通透了项目运作的环节，知道了走向成活的步骤，学会了创造赢利模式的，全新的你。

这时的你，如果再听到别人讲什么"创业就是寻找商机"、"创业必须融到资金"、"创业先要组织团队"、"创业需要创业管理"等语，你就会想起一句歌词："不知你是喜欢哭来还是喜欢笑。"

（二） 本质与资金

创业这个事物的另一个基本方面是项目，项目是矛盾关系中的次要方面。资金，包含在项目这个次要方面之中，是由项目所规定和派生出来的要素。

是创业者决定项目，项目决定资金。创业者的能力和项目特点，共同决定了投入资金的时间、方式和数量。

★案例8：3个月折腾了18万元★

2002年7月，胡腾毕业于北京师范大学。陪师兄参加招聘会。忙活了一整天也没有找到工作。他就想，如果开办一家公司，帮助大学生找工作，收中介费，岂不是双赢？

写了计划书，姨父给了他12万元，父母给了他8万元。

有了资金，先是注册了公司"思迈"，把地点选在了武汉洪山区汇通大厦，自任总经理。接着是招聘代理人、建网站、印制宣传品、在报上登广告。

三个月过去，20万元创业资金已花去了12万元，却没有任何收入。

胡腾聘请职业经理人来管理。经理人接手一个星期便辞职了。

到了10月份，公司净亏损17.8万元。后来胡腾将"思迈"以1元钱的价格转让了。

（三）本质与道路

创业本质决定的现实道路是：依靠自有资源，小额资金启动。

自有资源是什么？是年轻。年轻，意味着拥有时间，时间是一切事物存在的条件，有了它就有了一切：去经历、体验、学习、磨炼。

年轻，就意味着不用害怕失去什么。失败得起，折腾得起。失败了又怎样？"只不过是从头再来"——注定是在新的更高起点上从头再来。

年轻的资源可以分为三类。一是以体力为主的本能资源；二是以智力为主的积累资源；三是以生存环境为依托的可借助资源。

1. 以体力为主的本能资源

精力、体力是年轻人的财富，是创业的重要资源。看看下面的故事，就知道只要有力气肯吃苦，难道需要许多资金吗？

★案例9：城市快递★

我的亲戚兄妹两人从山东来到北京，指望我帮助找个工作。我问："能吃苦吗？"他们说："只要能赚钱，干什么都行。"我又问："你俩总共有多少钱？"他们说，租完房还有800元。我说："好，咱们就这么干……"

我说，北京这个城市特大，人际交往与物品移动成本特高，花钱买时间的人特多。这就产生了一个特大需求：给别人送东西，"学名"叫"城市快递"。干这个需要什么呀？能跑腿肯吃苦——就行。

怎么开始呢？先创造最基本的条件：

1. 装部电话；

2. 买辆旧自行车；

3. 印5 000张名片；

4. 印1 000张四联单；

5. 起个公司的名字"万佳仆速递公司"。

接下来做什么呢？

1. "扫楼。"以住处为中心，向东西南北中，党政军民学，开扫，管他什么写字楼居民住宅，一个门也不漏掉。5天放出5 000张名片。

2. 很快，电话打进来。姐姐守电话，弟弟取送物品，业务开展起来了。

3. 接着，"取"和"送"没完没了。在跑中熟悉这个城市，建立合理的工作流程，学会运用统筹学来画路线图。

随着有了资金，自行车变成了电动车；随着业务量的增加，开始招兵买马；随着"中秋节"的来临，起早贪黑地送月饼；随着累得动不了，就趴在床上数钱。

★案例10：易拉罐成就的人生★

他是个穷孩子，从小学三年级到高中三年级，他卖了8 000公斤废纸，5 000只易拉罐，3 000只酒瓶，1 000公斤塑料袋。十年间，他没向家里要过一分钱，考入广州的一所经贸大学。

大学里他重操旧业，在捡一只易拉罐的时候，他被站在别墅阳台上的一位外商发现，外商请他把门前草坪上的一只易拉罐捡走。外商惊奇地发现，小伙子能听懂他讲的英语，为此他异常兴奋，因为他的夫人正需要一位懂英语的草坪保洁员。

第二天，他开始修剪草坪，周薪是50美元。后来又成了另外三家外国人的草坪保洁员。

大学四年，他利用星期天挣了4万美元。毕业时，他成立了广州第一家草坪保养公司。

如今，他的办公桌上放着一只用纯金做成的易拉罐，它的寓意不仅仅是为了显示主人的财富。

2. 以智力为主积累起资源

这类资源是你现在就有、有待认识和开发、改造与提升后，与某种需求切合的知识、技术、特长、经验及兴趣等。

★案例11：捉住自己★

她是我老师的女儿。从小喜欢穿漂亮衣服，对"时尚"特别的敏感。每每出现都能让人眼前一亮，迎面擦肩都引发许多"回头客"。

她穿的不是名牌，是那款式、搭配和不经意的细节，还有那富有创造性的点缀，加之那几分俏皮、几分高雅、几分张扬的青春活力，以及从自然中显出的得体、大方、活泼，让她显得与众不同。

她学服装，毕业后留校当老师，不时地被电视台请去做"时尚"节目的嘉宾，知道她的人多了，有搞图书选题策划的人约她出书。

我说，时机成熟了，从工作室开始，接着搞个有品牌知名度的服装设计公司。我还说，服装设计是个大范畴，要做精做专还要细分。在对象定位上，放在16～26岁的女性上。在类别定位上，把优势发挥到极致——只设计休闲服装。

我调侃道，你的两大资源不能浪费，一是对服装感觉的天分，二是经验和名气的积累，有了天分这个"1"，靠努力加"0"，加上8个就行了。她掰着手指一算，加8个0是一个亿呀。

我说，从5个"0"开始，每5年加1个。

3. 以环境为主的可借助资源

一切有商业价值的东西，都是源于人对其有用性的发现。"可借助资源"，是与你的家庭背景、生存环境、人文历史、地理条件等相联系的，可以转化为财富的东西。诸如，气候土壤的、历史文化的、风俗民情的、土产特产的、家传母校的等元素。

这些元素，有的直接就可以经营，有的需要挖掘、转化、改造。凡属这类项目，通常少量资金便可启动。

★案例12：黄金如水★

生意失败了，他几乎身无分文。事业蒸蒸日上的他的亲哥哥再次强烈要求他去德国做自己的商务代表，他必须作出抉择：

但他还是下决心自己创天下。"办家教中心"，理由是：

1. 大环境特殊。北京的高考录取线低，决定了北京的中学教育，相对于高分区要求不严。这种状况给课外补习留下了很大空间。

2. 大牌子可借。百年清华呀，地球人都知道。能让我们用吗？不能。怎么办？打擦边球，叫"清华园"——地名，可以吧。

3. 大学生可信。清华教师水平参差不齐，学生水平却整齐划一，高考"状元"云集。对这一点，地球人都知道。用清华的学生做家教，公信力毋庸置疑。

有了策划的支撑点，操作流程是简单的。

1. 先在校园里租个小平房——几百元；

2. 挂块牌子——几元钱；

3. 在16个学生食堂门前张贴招聘广告——十几元钱；

4. 对应聘学生进行登记：电话、课程门类——不花钱；

5. 在《北京晚报》发定期小广告，签一年合同，每周300元。

6. 日常工作是把家长电话与学生对接，双方收费各50元。

四年过去了，家教中心成了培训学校；小平房的"主任"成了写字楼的"校长"；去年买了140平方米的房子，还娶了一个漂亮的大学毕业生做老婆。

总　结

创业的本质是，创业者的自我再造——实践中产生能力，完成新自我——的过程。

而资金呢？是项目的构成要素，是被创业者能力和项目特点决定的。

创业本质所决定的道路是：依靠自己的资源，小额资金启动，在干的过程中实现创业本质。

四、资金本性决定解决资金的途径

对创业者而言，资金是"彼"。不知"彼"，怎么与其交往。只有了解了它的本质、需求、行为方式和原则，才知道怎样与之打交道，才可能在满足它的需求的基础上得到它。

（一）资金的本性是什么？

★案例13：不要拿创业者"开涮"★

北京大学搞了个主题为"如何跨越资金障碍"的创业论坛。"论"的结果是"不能跨越"。

银行界人士历数了融资的条件：一是建立良好的信用记录，形成完整的记录；二是提高企业的效益，努力开拓业务。有了这两个条件，才具备送"彩礼"的资格。"彩礼"，是易变现的、标准化的、优质的、可用做抵押的资产。

这对创业者来说不具有可能性。也许是要对"如何跨越"

第五个问题 创业资金解决之"道"

有个交代，给创业者一点安慰。论坛提出了一个煽情口号，创业者："要像追女朋友一样追银行。"

既然"如何跨越"的结果是"不能跨越"。那还"论"个什么劲呢？这不是吃饱了撑的吗？

既然"如何跨越"的结论是"不能跨越"。还让创业者去"追"什么呢？这不是拿穷人寻开心吗？

这个"情况"，反映了资金经营者的共同本性：是生息，是下蛋。为了下蛋，则要保证母鸡的安全，为了确保母鸡的安全，则需要抵押和担保。

"情况就这情况"，千万不能听瞎忽悠，"像追女朋友一样去追银行"。

1. "风投"的对象是企业

自从创业的话题热起来，就和"风投"搅在一起，成了媒介与学者的口香糖。长期"咀嚼"的结果是，营造了一种掩盖事情真相的"融资思维"。好像风投是不惧风险的。

"风投"，是"职业金融家，向有巨大回报潜力的企业，投入权益资本的行为"。本质是"嫌贫爱富"，本性是追逐利润，本能是规避风险。

本质、本性、本能决定了投资的对象，是具有领先技术、高附加值、增长潜力大的企业，而不是创业项目。可以是小企业，也可以是新企业，但必须是已经有了前期投入和实际收入，显示拥有核心竞争力和广阔前景的企业。

总之，是只有在"好企业"这个视野范围内，才可能把诸如一流的团队、清晰的盈利模式、明确的发展目标等问题摆到桌面上。

★案例14：嚼一嚼网络英雄这块"口香糖"★

2007年，陈天桥在"胡润榜"排名第10。他是"凭借网络游戏演绎人生传奇"。从而"获得了300万美元的风险投资"。

于是，人们又开始咀嚼"风投"这块口香糖，吐出来的丝，仍然是：创业计划书——风险投资——百富排行榜。

这种观点忽略了盛大的艰辛与漫长的创业过程，忽略了盛大网络已经是一个优秀企业这个前提。

历练。1993年，大学毕业的陈天桥进入了上海浦东的陆家嘴集团，第二年就当上子公司的副总，两年后成为董事会秘书。再后来，到一家证券公司做管理工作。

触网。20世纪90年代中期，当多数中国人还不知互联网为何物的时候，他却能够在总裁办公室里24小时上网。

下海。1999年，他投身COM大潮，自筹50万元资金创立了盛大公司。创业项目是网络游戏。建立了以社区游戏为主的"动漫网站"。

吸引。动漫网站建立后，同时在卡通、漫画等领域齐头并进，影响不断扩大，拥有100万注册用户。

是他企业的出色表现引来了风投，这才有了开头的故事。

2. 创业不是找老板打工

用别人的钱做自己的项目，决定着你与投资人的雇佣关系，是这样吗？

是资金所有权，决定了资金所有者是股权最大者，进而决定了你与资金所有者的关系，是老板和打工者的关系。

是资金所有权，决定了你的身份：项目操盘者、职业经理人、高级打工者。而不是真正意义上的创业者。

在这种关系与身份之下，你无从感觉拿自己的钱做事的压力，无从体验"风险"的滋味。从而你的潜能不可能被全部压迫出来，创造力也不可能被发挥到极致。

进而决定了：你不可能在从小做起的艰难中，享受成功的快乐；也不可能在艰苦的磨砺中，成长为真正的企业家。

★案例15：用"发明＋土地"来融资★

王东望着眼前已经挖好的围墙地基，心中一阵绞痛："这块地和30万元人民币永远不再属于自己了。"

王东拥有微电子采暖技术。为了把技术转化成产品，他请到了一个名叫魏洁的人。他经过调查研究后得出结论：

1. 产品是介于家庭散热器片和空调采暖间的缝隙产品。目前没有竞争对手。

2. 由于技术含量显著，采用主动散热的方式，价格定位可以高于普通钢铸散热器片。

3. 王东目前的情况是，他不具备把一个发明转化成生产与经营的条件。这样的话可以进行"捆绑合作"。先找一块工业用地，把发明和土地捆绑起来融资。

于是王东豁然开朗。镇政府一个月内给办好了土地证。接下来，谈判，然后敲定了一家投资商。

投资商规定：

1. 投入资金1 000万元，且必须控股。

2. 知识产权和土地价值须经过评估，知识产权占股份比例不能大于5%。

3. 合资企业的管理层由控股方组建。

王东看到条件后："那不是自己建成的企业成了人家的吗？自己的脸往哪里搁？"他坚持要当总经理和财务主管。被对方否决，合作告吹。

没有资金，工地迟迟开不了工。镇政府了解到真相，把王东告上法院。法院判王东赔偿30万元。

★案例16：养"小猪"与换"大马"★

企业是"猪"。职业金融家把他们投资的企业看做是从市场买来的"小猪"，把小猪养大后卖出去：上市赚钱。

创业者是"马"。当投资人对企业的投资达到控股的程度，就有了决策权。这时，投资人把创业者看做是拉"资本"之车的马。马是可以换成更强的马的。

"情况就这情况。"这个情况，是我的那个"嘉宾"伙计：美国西北大学的犹太金融家——谢罗德教授，在中美创业论坛上讲的。

从无开始，从小做起，用自己筹措的资金把项目做起来，与使用别人的资金不可同日而语。

3. "机会成本"的简单思路

如果你用找钱的时间，寻找这个项目的根；把找钱的费用，用于对项目要素进行探索。那么，做这些事情需要的时间，比你引资路上奔走的时间更短。

做这些事情的费用，比你在引资路上所花费的更少。相信一个真理："找钱要比赚钱困难得多！"

★案例17：在"做"中圆梦★

南京小伙林海，发现了一种在国内市场还属于空白的保健枕头。于是决定上这个项目。

加工这样的枕头，设备就要20万元。他自己手里才有1万元！怎么办？

他决定先赚钱，同时学习做枕头市场。有了经验和资金，再回头去做那个理想中的好枕头。

租下一个小门面，以代理的方式从国内生产枕头的工厂进货。把全国保健枕头大集合，做成保健枕头专业店。

每月以1万元利润的速度发展。两年后，他攒下了20万元。他再次把目光投向了他心仪的枕头。

这时，他已经熟悉了枕头生产的工艺，熟悉了销售枕头的套路，熟悉了生产枕头的企业，他选了一家技术装备最强的工厂，委托他们来加工！

厂长说："没说的，就是上点新设备也要帮小林老板圆这个梦。"结果，买设备的钱也省下了。

总　结

不要心存幻想，要老老实实埋头苦干；不要迷恋学院式的教条，要一点点地解决问题。要我的事情我做主，才是自主自立的基石。坚持"三要三不要"，才是真实的创业。

（二） 吸引资金的途径

项目与资金不是简单的二者合一的关系，是有条件的相互需要的关系。为了理解这个"内部"的关系，先要知道什么是项目的优势。

1. 什么是项目的优势？

项目优势表现在两个方面。

首先是"构成要素"。项目由若干要素构成，在诸多要素中，一定有一两个，是决定它具有市场价值的因素。说技术先进，则要完成从技术到产品的转化；说有市场需求，则要有直接用户；说模式可行，则要有运作效果。

其次是"成长过程"，是运作这个项目的时间过程。时间过程表现为几个阶段：项目的选择到确定；关键要素的测试到把握；综合模拟的实验证明可行。

用过程证明的项目所具有的市场价值，就是项目优势。

2. 优势与资金的关系

项目与资金，是有条件的相互需要关系。

项目对资金的需要是有条件的。只有具备"优势"的时候，资金的注入才能发挥作用。

资金对项目的需要更是有条件的。只有项目优势显现的时候，资金才需要项目——能使自己得以保存和增加的这个载体。

资金，好比是血液。项目，好比是健康的机体。血液需要健康的机体保持自己，借助机体的功能增加自己。

这，就是项目与资金相互需要的关系；这，就是资金需要项目的条件。这好比是小猪与饲料的关系：项目是小猪，资金是饲料。

站在创业者的立场上，就应该记住这样一个定理：取得资金的前提，是创造资金需要的条件。

（三）吸引资金的方式

前提是你必须是个法人而不是自然人。你有对项目的前期投入而不是空手套白狼。项目优势必须能够证明：比如，内在品质的真实；运作模式的可靠；市场潜力的存在。

在这个前提下，使用适当方式传达信息，吸引投资人。

比如：

1. 寻找最大的用户

排出一个序列，一家一家地谈。用对比方式突出你的项目优势；项目会给他们带来的效益；不可丢失的机会等。逮住一个，一箭双雕，既有了产品出路又有了广告效应。

2. 参加专业性展示

寻找与你的项目相关的博览会、展销会。精心准备材料、样品和展示方式，事先设计谈判要点、底线与合作模式。

3. 利用好网络工具

网站与相关专业网站链接；有目标地发送很具诱惑力的短信，吸引业内人士上网；在目标客户集中的网站发信息；给检索能力强的网站交路费，让"牧童"先指你这个"杏花村"。

用适当的方式来发出信息吸引投资人，看下面几个人是怎么干的：

★案例18：技术引资步骤★

"合成大理石"研发成功了。发明人做了什么呢？

1. 申请专利。

2. 作产品鉴定。

3. 召开新产品发布会。

4. 了解了天然大理石价格与投资方经济状况，制定合理的转让费。

5. 为投资人算好账，如小型生产投资多少？成本多少？利润多少？

6. 开辟样品展览室。精心布置厨房台面、银行柜台及商业办公台。

7. 将展室拍成图片。

——这些事情还没做完，投资人就接待不过来了。

总　结

职业金融机构的本性决定了它规避风险和争取最大资金回报的投资规则：好企业。进而决定了要取得他们的支持，就要"先做出项目优势，创造资金需要的项目条件"。

创业资金来源的其他办法

1. 关于第一桶金

除了创造吸引投资的条件之外，就没有别的办法解决资金问题吗？不是那么多成了气候的人，都有"第一桶金"吗？

依靠智力与资源的结合，依靠对现有经济交往关系的理解，通过利用、整合与梳理，获得"第一桶金"。这个条件仍然存在，但不是人们都具有的。这，是获取创业资金的另类办法。

2. 关于政府政策

国家把创业解决就业作为大政策。与之相应，出台了支持创业的政策，设立了"小额贷款"、"创业基金"和"融资担保"。这是创业者应该利用的解决项目启动资金问题的现实出路。

总　结

　　创业，是创业者凤凰涅槃般的自我再造的过程；打造并证明项目的优势，是获得资金支持的决定性前提。

　　由此得出，找到适合自己的、能够小额资金启动的项目是最重要的。

　　只要这样，才能避开融资歧途，开创从小做起并干起来的创业的"真实历程"！

第六个问题

在模拟中完成对项目的把握

模拟，可以应对创业的三大矛盾，可以规避投资风险，可以制约非理性思维，从而完成对项目的把握。

第六个问题　在模拟中完成对项目的把握

昂贵的试验

我的第一个项目是与台湾宏伟公司合作生产强化固体燃料。一年时间里，经历了轰轰烈烈—苦苦支撑—住院反思—从头再干四个阶段。

轰轰烈烈

上半年：从立项到形成规模生产能力仅用了三个月。正当我沉浸在骄傲的亢奋中时，问题就接踵而至：

——定型设备罐装机不好用的问题；

——成品由于属易燃物致使铁路不给运的问题；

——技术转让方承诺的订单不兑现问题；

——最严重的是产品质量问题。

电话里一次次地传来大客户老总的狮吼雷鸣，在即将燃尽的散发着的呛人的辣味中，客人都给呛跑了。

苦苦支撑

是配方问题、原料问题，还是反应温度……不论什么问题，装置都要停下来，货要拉回来，庞大的固定费用却要支付着，资金像漏水的缸只出不进。

结果：一塌糊涂，一败涂地，一筹莫展，一百万元没了。

住院反思

我大病一场住进了医院。住院一个月，思考一个月，想明白了一些问题。

从头再干

两个月后另起炉灶，投资5万元，两个月收回。以后的时间，每月净利润2万~3万元。

100万元干灭火了。5万元干起来了。为什么？

原来是一场演习

没有第一次失败，就没有第二次投资的成功，紧锣密鼓的半年时间，我深刻地亲历了这个项目的全过程，几乎所有的问题都弄清楚了：

——技术的优势与缺陷问题；

——工艺设计的合理性问题；

——目标客户究竟是谁的问题；

——生产能力与市场容量问题；

——开拓市场的能力与经营规模的设定。

这些问题我都搞清楚了。

第六个问题　在模拟中完成对项目的把握

对于第二次成功而言,那第一次投资是什么?是一场演习呀,是一次试验呀。

试验是必要的,可是要这么大规模吗?要这么长时间吗?要 100 多万元吗?这些认识成果,花几万元就可以达到目的,为什么白白扔了 100 万元呢?

这,就是模拟理论产生的最初源头。让我们从最根源处说起。

一、用模拟来应对三大矛盾

所有的创业者，在迈进创业门槛的时候，都面临着他意识不到的三个矛盾。

（一）创业者面临着三大矛盾

1. 创业能力与创业实践的矛盾

创业的能力只能来源于实践，而创业者通常是在没有实践，也就是尚不具有能力的情况下开始创业的。事实上他面临着两难境地：要干，不具有能力；不干，就永远不会获得这种能力。

怎么办呢？

2. 功能创造与功能决定的矛盾

功能的制造者不是功能的决定者，功能决定者又不可能对尚未产生的功能做出决定。于是乎，总是制造者先把功能制造出来，再由消费者进行选择。

这种事实存在的程序，对制造者来说，等于在制造送审的样品。功能的事先制造和消费者的最终选择，决定着产品的样品性，进而决定着制造的试验性。

3. 矛盾演习和实战的矛盾

创业起步后的一个时期，面临着诸多种要素的磨合：要素从静止状态到运动状态，从独立状态到相互联系的状态。不实际做，谁都无从想象会有什么问题发生。

三个矛盾决定了：要素联合的开始时期，本质上是一次演习。演习，是创业开始时绝对回避不了的问题，不管你是否意识到，因此，演习，是创业过程中的一个不能逾越的阶段。

（二） 对矛盾无意识的后果

这是一个隐蔽得很深的存在。没人告诉创业者，在你的航船起锚时，最先驶入的是一片隐藏暗礁的水域。

一开板就实实在在地干起来，把本来是演习中解决的问题，拿到了真刀真枪的实战中。这就出现了我们所见到的太多的景象。

1. 无意识的后果

由于对这个巨大存在的无意识，一开始就遇到诸如技术成熟程度问题、经营模式问题、通路阻塞问题及系统功能建设问题。

尽管前行的愿望是那么急切，却始终不能摆脱层出不穷的问题：到处起火冒烟，按下葫芦起来几个瓢。一个磨合中的不稳定的系统，在这样的混乱中瘫痪。

2. 四个严重混淆

用"三个矛盾"去观察这些景象，会发现一系列混淆。

——真与假。把有待验证的东西当成了资本投入的既定前提；

——先与后。把本应该事先做好的工作放到了项目展开之后；

——多与少。把本来能够用少量资金完成的事情用了大量的资金；

——大与小。把可以分别完成的事，拿到有规模的系统中来做。

无数的失败像计算机的程序一样被预先设定着。

（三）模拟是对矛盾的应对

怎么办呢？从承认矛盾的存在出发，用模拟的方式来开始创业。

1. 模拟，是小规模的动态系统

模拟是以探索的方式完成对项目特征的理解，以实验的方式完成对项目可行性的确认，以建立小规模动态系统模型的方式实现对项目要素的综合。

2. 模拟，是一所伟大的学校

对获得创业能力而言，模拟是一所学校，它体现了为获得

第六个问题 在模拟中完成对项目的把握

能力而对实践的选择，以避免付出高昂学费。

学校，对学习市场有着不可替代的作用。市场有着很大的未知性，而制造样品，则体现了对市场不确定性的应对。

学校，是继往开来的过渡，对创业的全过程而言，对前面是检验资本之根，对后面是顺利进入运转。

★案例1：建筑师是怎样获奖的？★

一位建筑师设计了位于中央绿地旁的办公大楼，楼很大，设计了三个出入口。

大楼竣工后人们问他："通向办公大楼的人行道如何铺设？"建筑师回答：在大楼之间的空地上全种上草。

夏天过后，通向大楼的草地上被进出大楼的人们踩出了三条小道。这三条小道中，走的人多的那条宽一些，走的人少的那条窄一些，但它们蜿蜒起伏，错落有致。

到了秋天，建筑师让施工人员沿着人们踩出的路，铺了通向大楼的人行道。这些人行道的设计既满足了人们行路的需要，又自然优美。

总 结

三大矛盾是个真实的存在。对它的无意识，就有造成严重的后果。意识到这个存在，就要用模拟的办法来解决。

二、用模拟来规避投资风险

★案例2：一个逆向投资的尝试★

2000年5月，南京的几个朋友搞了一个投资项目，要我帮助他们谋划。

1. 一个风险叠生的项目

项目的内容是生产用于添加在混凝土中的防水剂和防水涂料，以用于即将开工的南京地铁工程。准备工作进行了半年。到我抵宁之际，已注册了中外合作企业，引进了韩国的技术，确定了生产场所，建设了办公设施，完成了人事安排，选择了原料渠道。一切都按照计划紧锣密鼓地进行着。

这是一个看上去不错的项目，因为有地铁工程这个产品出路，有韩国的领先技术。我经过一个月的详尽考察，发现它隐藏着巨大的风险：

（1）产品和投标的矛盾。

没有产品用什么投标？如果投标未中，整个生产投入岂不落空？投资夭折的风险被投标成功的心理预期和对技术领先的信心掩盖着。

（2）投标没有突出优势。

技术水平所体现的质量，生产经营水平所体现的价格，企业的规模体现的形象都没有被证明。

（3）技术的消化与控制。

高标准防水剂工艺并不简单，对设备及操作条件要求严格，要消化和掌握技术，完全依赖朴博士对上帝的虔诚，而失去了对企业命脉的主动权。

（4）厂址距离城市太远。

厂址设在句容如何管理？通勤？往返南京路上要四小时；派驻？要指定专人长期住厂；委托？聘请当人来管理？都有实际困难。

一个月之后，我提出了详尽意见，停止正在执行的计划。

2. 一个颠覆性的计划

（1）进口一批产品。

从合作伙伴——韩国企业进口一批产品组织销售。这样，可以在不影响投标的情况下规避投标未中的风险，可以在市场上验证该产品的技术领先程度，还能够考察该产品对本土市场的适应能力。与此同时，发现目标客户，探索入市通道，寻找销售模式。

办法是简单的，只要与我们未来的产品在名称和包装上一致，就行。

（2）独立与捆绑结合。

不放弃独立投标的同时，与具有优势的公司合作。

用我们的优势充实杜邦，在提高联合竞争力中分一杯羹。

（3）渗透建材市场。

在较长时间内，我们的产品在质量、品牌、系列化上都没有优势，特别是在长三角地区和华东地区。我们所拥有的是地域条件所决定的成本价格优势。只有立足南京，我们才具有销售成本和人际关系的优势。

办法是：一个一个地蚕食20多个搅拌站，巩固阵地后再辐射周边。

（4）特别行动小组。

组织一个精干的特别行动小组，专门寻找在建的、待建的、正在维修的大大小小的水利工程及一切与水有关的工程项目。

（5）进行试验性生产。

在开拓出一块市场的前提下，进行小规模的试验性生产。用合格产品，逐渐地补充和替代进口产品；生产的重点在于消化技术、掌握控制指标、工艺条件及检测手段。

（6）规模生产的条件。

如果市场能够稳定，才可以考虑停止进口，适当地扩大生产。这至少是一年之后的事。

对这个计划，他们在感到吃惊之余有某种失落。经过激烈的思想交锋，他们最终接受了这个方案。首战落马湖，再战太平渡（运河工程），但首先是在代理销售上打开了局面……

第六个问题　在模拟中完成对项目的把握

南京方案的设计，是我在长期企业实践中形成的、沉淀到潜意识之中的理性观念，碰到具体问题就显露了出来。这主要基于我的风险防范意识、逆向投资方法及创业的模拟程序。

（一）　防范风险的设计

在南京方案的谋划中，每个环节都设计了第二套方案，每一个后续方案都是上一个方案失败的退路，比如：

1. 投标不以产业投入做赌注

独立投标不成功，有捆绑式的联合投标；如果捆绑式的联合投标也不成功，还有自己独立开发出来的市场；如果打不开外地市场，还有自己身边的搅拌站；万一在自己身边的搅拌站也一筹莫展——当然，这个可能性应该是极小的，即便这样，也不过是别人的品牌代理商，退出是件很轻松的事。

2. 用方案应对可能的风险

创业者的风险意识主要表现在未战而妙算。许多创业者，一般算七八成便觉得可以了，剩下两三成往往就忽略不计了。真正的风险意识是对那两三成要有所交代、有所安排。

所谓交代与安排，就是要设计出几种可能，然后对每一种可能，都要在计划、程序及操作方法上设计出变更方案和退出方案。非万不得已绝不背水作战。

那种毕其功于一役的豪迈、破釜沉舟的勇气，都是"神风特攻队"的自杀行为。一旦技术上出现了不曾预料的事，一旦市场拱不动，一旦现金流中断，系统的空转是任何创业者都难以承受的。

（二） 逆向投资的方法

传统的投资学和市场营销理论，对创业投资的主张是：通过市场调查发现需求，根据需求确定目标，再进行有规模的投入。大多数创业者都很少例外地遵循这样的程序。

1. 决策不能依靠市场调查

事实证明，通过所谓"市场调查"决定投资的目标并不可行。所谓市场预测是靠不住的，因为预测所依赖的工具不可靠。依靠预测进行项目决策的弊端是，一旦产品销不出去，后果将不堪设想。

既然市场重要，为什么就不能先把市场问题解决了，把网络和终端问题通畅了、敲死了、砸实了，再进行有规模的资本投入呢？我们可以大胆地设想，如果把投资的顺序颠倒过来会怎么样呢？从销售开始向前推进。这可能吗？一个显而易见的矛盾是：没有产品的话销售什么呢？

2. 先从"虚拟销售"开始

回答是"虚拟销售"。要么找到一个与你的目标贴近，在功能上可以替代的商品来销售。要么把你的目标产品让别人做出来销售。许多创业者无意识地走过了先市场后工厂的道路。当初，种种原因使得他们先进入了流通领域，又是种种原因使他们进入了生产领域。大凡这样做的往往成功率较高。

跨国公司在华投资往往选择循序渐进的策略。先销售他们的产品，建立他们的网络和终端；在读懂中国的市场之后，再进行直接投资，而且是规模由小到大逐级递进。尽管他们已经拥有自己的产品，但是在投资的阶段设计上采用的却是先市场后工厂的办法。

总　结

在南京项目策划的理性观念中，除风险的防范意识和逆向投资方法外，还体现着务实观念、先难观念、生物观念等。但所有这些最高归结为模拟，模拟是创业观念、程序和方法的统一。对创业有着特殊的作用。

三、用模拟制约非理性思维

★案例3：失败的创业经历★

我兼并了一家区属集体企业，主要生产原子灰（不是原子弹），也叫高级钣金腻子，它是汽车在喷漆之前对钣金打磨用的。我使用了全部的可支配的资源，又整整折腾了半年，最后还是不得不放弃了。

是我小看它的技术了,四项指标都是对立的。软和硬:软,是指结构松软,刮到钣金上,用砂纸磨几下子就能磨平;硬,是指粘到钣金上锤子都砸不掉。快和慢:快,是指刮到钣金上5分钟干透;慢,是指放在桶里半年内都呈糊状。

对这四项指标,靠我当时所掌握的技术是无论如何也达不到的。开始我以为是配方问题,后来才知道是它的最基本成分——树脂的问题。为了寻找树脂技术,我在一辆北京吉普上颠了一个月,拜访了许多业内行家。最后知道了,生产这种专用树脂的技术难度非常之大,北京、常州等研究所搞了多年还未能突破。正是这个原因,日本关东的"99牌"树脂才能够长期独占中国市场。

还能继续干下去吗?只有放弃。半年时间,70万元资金,就这样完了。如果在实施兼并之前,对树脂技术进行试验,这一切是不会发生的。

(一) 将模拟设置为程序

把模拟当做创业过程中不可逾越的阶段,作为一个程序,能够防止在混乱及稀里糊涂中收场的结局的出现。

1. 不能忽略的事实

事实告诉我们,几乎所有的创业行为,都是急于动手干

第六个问题 在模拟中完成对项目的把握

把需要通过确证的事情，用有规模的投资来做。

结果呢？面对桩桩件件都撞到鼻子上面的问题，慌乱得像在山里迷了路。面对要素联合的运动，失去驾驭和掌控能力，没有认识与处置的时间，导致系统崩溃。

2. 就事论事的无用

无数的失败像计算机程序一样被预先设定着，接下来的程序是反思。大大小小的老板怀着无尽遗憾，带着深深刺痛在反思。学者则在用基数或序数进行就事论事的评说。

没有哪一条不对。但是，都没能摆脱一种思维方法，即直接的因果关系的对应；也没能跳出一个框子，即用现代企业概念强加于生动的创业实践中。

3. 做个飞行模拟器

看见了这个矛盾，发现了创业者的两难境地之后，我们该怎么办呢？

从承认矛盾的存在出发，想到制度性的解决办法，把模拟设置为创业程序。如同培养飞行员，把模拟飞行作为一个重要的教学环节，来确保飞行安全。

★案例4：飞行模拟器★

为了培养飞行员，人们专门设计了一种训练工具，叫"飞行模拟器"。

据说，模拟器中设计了300多种状态和情况，包括了飞行进程中经常遇到的，不经常遇到的，以及在极其偶然的条件下才可能发生的各种情况。每一个环节都模拟到非常细微之处。

它的全部程序都是虚拟的，但虚拟到真实的地步，几乎与正式飞行没什么差别。所有的飞行员在正式飞行之前，都要接受这个模拟器的训练，合格后才有资格上天。

（二）限制非理性后果

面对创业项目的非理性思维，表现在"心理偏好"和"偏执心态"两个方面。

1. 控制心理偏好

创业者一旦确定了创业目标，对利益的追求就转化为对目标的追求。追求目标的过程强化了实现目标的愿望。日益强化的愿望产生了一种"注意"的心理现象，即心理活动对特定事物的选择：把意识固定在目标上而产生了"心理偏好"，"偏好"会自然地转化为对目标及其相关假定的信任。

这就导致了如下常有现象的发生：在许多人看来不可行的事，当事人却信心十足，直到撞到南墙头破血流方如大梦初醒。为什么？说明此公进入到一个思维定式之中了，心路进入了一个轨道，并沿着这个特定的轨道滑动。思维被框在一个圈

第六个问题 在模拟中完成对项目的把握

子之内并在这个圈子内活动。

而模拟的一个特殊的功效是制约来自创业者的这种心理偏好。

2. 校正偏执心态

心理偏好导致了对假定目标的信任,被加强了的信任,是宗教般的信念。

这种信念的表现是义无反顾的气概、一干到底的豪迈。思想像久旱的沙漠疯狂地吸吮、关注、搜索、捕捉、吸纳一切对目标有利的信息:一个梦,都会被想像成是神的启示、命运的召唤。对一切善意的提醒,从感情上自发排斥。对已经呈现出来的危机视而不见。创业者就这样进入到这个怪圈里。

总　结

以上是对创业者内心世界的描绘,是对其心路历程的梳理。而模拟,一经被硬化为程序,心理偏好就会受到控制,偏执心态就会受到限制。

人性的其他弱点——偶像的效应、投机的心态也会受到制约。项目本身的缺陷会在进行大规模的投资之前暴露出来。

关于模拟,还涉及模拟程序、规则、方法和标准。比如,模拟是程序:在这个大程序中还有小程序;再比如,模拟有原则：规模要小，速度要慢；模拟有方法：要从项目特点出发去运用；模拟有标准：三个"行得通"与"三个平衡"。

这些，对于"准创业者"还远，就不一一讲述了。

总　结

模拟是创业的一个阶段，是以探索的方式完成对项目特征的理解，以试验的方式完成对项目可行性的认证，以建立动态系统模型的方式实现对项目的把握，从而为进入运转状态作准备。

第七个问题

创造新企业成活的三个条件

能够运转下去,新企业就能成活。一切都应服从运转。只要能活,规模能小则小,投入能少则少。通过减轻运转负荷,接近"运转时点"及保障运转供血,使运转畅通无阻。

第七个问题　创造新企业成活的三个条件

模拟是一场演习，运转就是实战；模拟是为项目生存创造条件，运转是为新企业发展奠定根基；并在这一过程中完成创业者向管理者的过渡。

一、什么是运转？

这里说的运转，不是教科书上的以赢利为目的的资本循环。而是创业的一个特殊阶段。

目的就是活着。第一是活着，第二是活着，第三还是活着。

内容就是补偿。销售收入能够补偿运转所需要的费用，这就是运转条件。

一切服从运转。只要能活，规模能小则小，投入能少则少。高于水平面的木板统统砍掉，活着所需要的条件却"一个也不能少"。

★案例1：我给通化药厂作咨询★

故事的缘起

2005年春节，通化一个药厂的老板在海南买了本《民富论》，回来后又派人去长春买，市人大办公室的人也派人去长春买。过了些日子，工厂和政府的人碰到一起，有人提到要找作者，于是就通过电子信箱与我联系上了。再后来，这个制药公司的董事长和副市长一行五人到北京找我，要我过去给他们作咨询。

严峻的形势

这家药厂面临这样的形势：一年前投资3 000万元建了个药厂，36种药的生产能力已经形成。问题是：投产半年，月平均销售收入50万元，费用80万元；管理混乱，跑冒滴漏，令行不止，问题层出不穷，老板心急火燎。

细致的调查

我先是仔细地查看生产流程的各个环节，详尽了解了一切想了解的情况；接着，与董事长、总经理、总工程师交谈；再接着与技术、生产、销售及财务等部门的负责人座谈。

逐渐地，我发现了最紧迫的问题是什么，原因是什么，解决的办法是什么。也发现了根本问题是什么，原因在哪里。同时也就想到了解决问题的办法。

解决的方案

基本思路是标本兼治，先治标，后治本。

一、控制资金使用

1. 缓建。缓建公司办公楼和职工宿舍楼；

第七个问题 创造新企业成活的三个条件

2. 梳理。逐条逐项梳理各项成本发生的合理性与必要性；

3. 控制。从源头上杜绝不紧要、不重要、不合理的费用的发生；

4. 封闭。对现金实行高度集中的封闭式管理。

二、启动经销公司

1. 内外兼做。捡起当年的看家本事，继续利用已有的销售公司，在继续为其他药厂"做品种"的同时，销售自己的产品；

2. 独立核算。销售公司与工厂在财务上分开，实行内部结算价格，各自为战；

3. 老板挂帅。老板发挥强项，在任董事长的同时，兼经销公司的总经理，不要兼任事实上只有厂长职能的总经理；

4. 选聘人才。另聘有工厂管理经验的总经理。

三、压缩生产品种

1. 选择品种。根据半年来的 36 个药品的市场表现，按照单品种的销售额和附加值两项指标，从 36 个品种中选出 10 个品种集中生产；

2. 减少切换。通过减少品种，减少由品种频繁切换引发的系统清洗以及导致的成本增加和人工与时间的损失；

3. 压缩采购。在减少生产品种的同时，减少多品种产生的采购成本；

4. 压缩仓储。精确核定单品种的生产周期，向主要品种集中，从而压缩仓库的原料储备定额。

四、实行目标管理

1. 确立目标。工厂管理以降低成本为核心建立成本定额，确立降低成本的阶段目标。

2. 抓住重点。重点是中草药的萃取环节，这是投入产出的关键环节和隐蔽环节。进行不同药种的实验：包括温度、压力、时间、浓度、次数及水量，找到最佳控制指标。

3. 指标控制。要改变以方剂萃取为药品的单品种萃取方法。实现用最少热力消耗，达到最大单药有效成分产出的目的，从而找到最大产出的综合控制点。

4. 人员培训。用细化的岗位操作法培训职工，实行考试上岗、末位淘汰以及继续培训的办法，强化控制指标的落实。

……

为落实方案，政府成立了三人辅助团队督促实施。效果当然是好的。

我像个不老的老中医

回到北京之后，我与茅于轼老先生谈起此事，他问我，你提出的这些方案的根据是什么？我说：我像个老中医，要理解

第七个问题　创造新企业成活的三个条件

企业的阴阳五行，气血营卫，经络脉络，金木水火土的相生相克。在整体的相互联系中，从个体差异中发现问题。

看企业，先看它处在哪个阶段。通化这个企业是处在资源要素大合拢的阶段，通路建设在探索之中，生产能力刚刚形成，系统处在磨合阶段。这是一个变数极大，极其不稳定的高风险阶段。

这时，稳定系统是全部问题的关键，是压倒一切的首要目标。稳定不是静止的而是动态的。决定稳定的核心是运转。运转是关键中的关键。运转的条件是能够用销售收入补偿全部费用。这样，这个新企业才能活下来，只要能活下来，一切问题都能够慢慢地解决。

一个等号值 9 999 美元

美国物富公司的一台电机坏了，几经努力都没修好。请来德国技术专家斯坦门茨。他在电机外壳上画了一条线，说："打开电机。记号里面的线圈减少 16 圈。"人们照办，好了。一万美元。老板说："用粉笔画一条线就要一万美元，太贵了！"斯坦门茨说："用粉笔画一条线只要一美元，但知道在哪里画线要 9 999 美元。"老板折服，付了钱。

通化的问题是画两条线，两条线是什么，是等号。等号的一边是全部耗费，另一边是销售收入。耗费要减——全部措施放在"减"字上。收入要增,全部措施放在"增"字上。一增一减,千方百计,什么是千方:999方加一方;什么是百计,99计加一计——毛主席说——直到两端相等,大体平衡为止。

——画一个等号值一美元,知道在等号两边添减什么,值9 999美元。

为什么等号如此重要?

在创建企业的过程中,你有方案有计划,有战略有策略,但你想过没有,实现计划和战略的最根本条件是什么?

还有一个你想不到问题,就是你必定会撞到许多你想不到的问题。这些问题是什么?怎么解决?

二、运转就是一切

我望着写着公司经营目标的大木板,想着如何落实到生产经营的全过程。想着想着,突然灵光一闪跳出两个字:"运转。"

对了!只要能够运转,所有问题都能够逐渐地得到解决;只要能够运转,企业发展的许多计划都能够实现。如果离开运转,一切之一切都是不可能的。于是想到:"运转高于一切。"

第七个问题 创造新企业成活的三个条件 /175

1. 创业程序的重要阶段

是创业总程序的过渡阶段。模拟是企业的孕育，运转就是企业的诞生；模拟是一场演习，运转就是一场实战；模拟是为企业生存准备条件，运转就是为企业发展奠定根基。

是观念与程序统一的阶段。运转体现着：把求生存放在首要地位的"先生存后盈利"的观念；立足长远稳扎稳打有序前进的观念。

2. 创建企业的第一目标

厉以宁教授多次说："新企业必须尽快盈利，否则便会破产。"如果把赢利当成新企业的首要目的，那就好比面对一只刚刚出壳的小鸡说："你必须马上下蛋，否则就会死掉。"对小鸡而言，下蛋不可能，只有死掉。

企业需要盈利，可它是以运转为前提的。运转与盈利在时间上是先后关系，在逻辑上是因果关系，在内在联系上是鸡与蛋的关系。它理所当然是创业的第一目标。

★案例2：求无利之利★

我公司会计的爱人在一家国营印刷厂工作。工厂倒闭后，与别人合伙开了一家小型印刷厂。

一次，聊起印刷业竞争激烈，有的活几乎无利可图。我问，这样的活接不接呢？他说不接。

我说应该接。道理是,其一,不能盈利的活做起来未必就一点利都没有;其二,即便是这一次没利,只要拉住这个客户,下次就可能有利。

我还说,人有事做总比待着好,机器转动着总比闲着好,你们是业内的行家里手,只要有活可干,总能找到有所盈余的办法。

3. 一切问题的解决条件

企业的命就是运转,有了存活的时间,创业者才有了认识的对象,发挥才干的用武之地。多少夭折的项目,多少"出师未捷身先死"的创业者,所遗憾无奈的正是时间。

一切问题只能在运转中发生,一切问题只能在运转中认识,一切问题只能在运转中解决。从大的业务定位到小的劳动定额,离开运转,任何人都无从猜测会有哪些问题存在,也不可能找到解决的方法。

★案例3:在生存中发现★

陈平的"宅急送"的牌子挂到了国贸和赛特购物中心等繁华地段,几天都没有生意。一个寒冬的傍晚,陈平开着面包车,看见一个男子扛着一个大箱子招手。"亚运村去不去?""去。""多少钱?""30元。"那男子瞪大眼睛冲陈平说:"你这中巴太宰人了,一块钱我才去。"陈平一咬牙说:"上吧!"

第七个问题　创造新企业成活的三个条件

坚持中，生意逐渐多起来。取衣物的、送蛋糕的、送烤鸭的、送家电的、送煤气的及洗毛毯的。还有人的摩托车在路上坏了，要"宅急送"拉。只要有业务能让公司生存，大钱小钱都挣。

一、业务的定位

半年后，公司稳定了，陈平发现通吃不可能。任何业务都做会导致竞争力下降。于是陈平放弃了一些盈利的业务。

——比如送鲜花。春节三天时间，营业额为15万元。但这不是发展方向，陈平果断地终止了这项业务。

——初期帮车站送货。后来发现，为车站送货，货源不是你的，等于为竞争对手打工。虽然每天有几万元的业务，但从长远来看，陈平还是终止了。

经过一段时间的摸索，业务定位开始清晰了，定位在单位重量50公斤的货物。因为中铁这些大公司，主要做100公斤以上的大件业务，小快递公司做的是10公斤以下的业务。50公斤这个档位刚好是个空隙。于是他在舍弃了一些既得利益后，准确找到了适合自己的商业定位。

二、发展的关键

1. 成本。陈平和一位搞运输的企业经理探讨："当你选择运输方式时，首先考虑什么？"他毫不犹豫地回答："成本。"

北京一家皮革厂，专门设立了自己的运输队，年费用180万元。陈平把这个厂的全部运输任务包了下来，全国范围内"门对门"服务，一年只需要50万元。

2. 信誉。"宅急送"在众多的竞争对手当中胜出的是信誉！快递这个行业，要承担一定的风险，比如丢货、损货等。有一次，他们为华硕公司快递电路板，从北京到天津，运费只有200多元。但是路途中突然下起了雨，电路板被雨淋了。他们赔了货款3万元。凭着这一点，公司赢得了良好的信誉。

3. 特色。提出13个字的服务方针，即"社会零散货物全国门到门快运"。

成本、信誉及特色，给陈平他们带来了同行无法比拟的竞争力。

三、如何实现运转？

运转是一驾马车

要知道实现运转的条件，可以把运转比喻成一驾马车。销售收入是马，是这架车动力的源头；固定成本是马车的自重，是车的负荷；现金流是连接动力与车身的纽带，是传导装置。

第七个问题　创造新企业成活的三个条件

马车行进需要的是：马的力量大一点，车的重量轻一点，力的传导顺畅一点。

如何实现新企业的运转呢？

1. 减轻运转负荷

减少固定成本投入（甚至不要）：在投入数量、种类和时间上，以能够实现运转为限度。抛弃固定成本补偿：不要把固定资产的投入当做生产成本分摊到单件产品的价格上去。因为固定资本价值补偿的理论是思想家的智力游戏，后来变成了管理学的文字游戏，最终演化为财务的数字游戏。

2. 接近"运转时点"

"时点"是生命。由资金投入到推进到这个"时点"之前，是资金持续投入的过程。这种状况持续的时间越长，资金蒸发得就越多。没人能够打得起这样的持久战。尽快达到用销售收入补偿耗费的"点"，是新企业的生存权利。

"时点"是金钱。只要收支相等的运转能够持续，销售额不变，成本就会逐渐地有所降低，收支平衡基础上的成本降低就叫利润。假定成本不变，运转的持续会使销售量增加，在价格不变的基础上，单位成本相对下降会间接产生利润。降低与增加都是运转规律性的结果。

★案例4：时点通病★

我的老师肖已清，长期专注于环保节能产品的研究，取得了不少科研成果。通过成果转让，积累了一笔可观的资金。

52岁那年，他内退办起了自己的环保设备厂，生产环保节能灶。产品出来了，150万元自有资金也就没了。账户上只剩下几百元了。

产品要推广，生产要进行，员工要发工资，水电费要支付，哪里去弄钱呢？

——老肖借钱请银行的人嘬了几顿，结果是肉包子打狗，有去无回。

——决定加大产品销售，争取用销售回款转动企业。于是招聘了一些销售人员，却付不起工资。

——他想借政府部门将产品推出去，但扶贫办、农机站的人说，必须把产品价格上浮120%，以便自己能得到好处。

结果是，一个前景非常好的产品，就因为缺少必需的后续资金搁浅了。

★案例5：抢占"运转时点"★

就像火箭为了推动卫星进入预定轨道，不能携带助推器，要使用爆炸把它分离掉一样。创业者，为了抢占"运转时点"，更要千方百计、不遗余力。

就像刘邓大军千里跃进大别山，扔掉坛子罐子，不惜代价一路狂奔。一旦屁股坐在大别山上，OK——战略格局形成，调动了40万国民党军队。

3. 保障运转供血

办法是"强化运转动力"。持续动力只能来源于"第一推动力"——也就是原始资本投入所创造的系统功能。这个功能的最终表现就是：销售货款的回流。

回流的关键是"及时"。宁可利薄一点也要收现，宁可保本也要及时，宁可亏一点也要防止呆死。预先设置防范机制：具体到通路的选择、模式的设计和过程的管理。

★案例6："及时"中的5笔账★

要清楚回流的关键是"及时"。"及时"两个字包含着关系企业生死的5笔账。机会成本、通胀税、结算成本、发票中的税款及呆死的损失。假如在应收货款中有10%属于呆账，那你损失的是100%的利润。因为，10%的销售额等于全部销售额所包含的利润。

体现这种机制的是：点规模渗透式销售。

总　结

运转是创业的重要阶段。含义是以生存为目的，以补偿为内容的持续运转。运转是新企业生命的源泉与存在形式,是解决企业一切问题的条件。

这一讲探讨了创建中的企业走向"成熟"的问题。已经讲到的三个问题不是新企业"成熟"的全部。重要的是让创业者认识到:

"成熟"的本质是创业者的能力问题。解决的途径是运转的持续。持续的运转是创业者和新企业都"成熟"的证明。

第八个问题

创业销售的"点规模渗透"模式

"点规模渗透"模式是创业销售成功的奥秘。

第八个问题　创业销售的"点规模渗透"模式

什么是"点规模渗透"？

"创业销售"的困难在于缺少"销售基础"。而有效的"销售基础"，又只能在销售实践中建设。

这样，"销售的可持续"就成为了建设销售基础的前提条件。

在"可持续"条件中，重要的是销售的低成本，没有低成本，就没有"可持续"。

低成本的办法是："点规模渗透"式销售。"点"，是把销售集中在一个大城市。"规模"，是终端的铺货量。"渗透"，是靠人力在渠道中蚕食。

"点规模渗透"的操作是：在集中的基础上，首先完成最大面积的终端铺货。然后使用技术手段，使"货"有所"走动"，产生"虹吸"功能，实现产品自动自发的"流动"。

结果是用最低的销售费用，实现了最高的销售额。

"点规模渗透"的奥秘

"点"的数量与"销售数量"成反比：点的数量越少，终端铺货量就越多。

蚕食型推进"渗透"的方式，对渠道质量与货款回流而言，看似慢实则快。

它是破解新企业销售难题的综合解决之"道"：

1. 是以最低销售成本，实现最大面积铺货的思路；

2. 是减少销售环节，直接掌握销售过程和销售终端的制度；

3. 是在销售实践的过程中，建设销售基础的办法；

4. 是解决销售管理简单化和货款的及时回笼问题的流程；

5. 是解决"运转"的实现条件，进而解决企业的"存活"问题的战略。

第八个问题　创业销售的"点规模渗透"模式

一、这些习惯的做法

你是个创业者，历尽千辛万苦总算把产品弄出来了，怎么卖？

这时，你想到的，是你平时见到的、别人卖东西的做法。如果你也这么干，将是两种结果：一是行不通，二是败得惨。

多少人就一定要在条路上顽固地走下去。好在下面这个"林地主"有咨询意识，可能不会按照这些"习惯套路"去做。

★案例1："林地主"大红樱桃高高挂★

当地人叫他"林地主"。林老板原来在一家农业科学研究所工作，在实行承包的年代，他包下了研究所用来做实验的千亩土地。靠种植果树赚了钱。现在，他准备上个大项目：用大红樱桃来做酒。经人介绍找到我，与我谈起了这个项目。

"我要做成一个品牌"

我说：把做品牌当做企业的目标是战略眼光。但是，开发新产品的第一目标，是用销售收入补偿消耗费用。有了生存基础，才有条件解决"做品牌"的问题。

培养起消费者对一个新产品的认同，不是一日之功。靠他的一千万元资金来培育一个消费观念，并不现实。

"我可以做广告啊!"

我说:信息像是倾盆大雨,一百万元砸到广告上,如同几百个雨点。指望靠广告砸开市场,至少有三个问题。

一是1 000万元资金够不够?总不能把这1 000万元都拿来做广告吧。二是靠广告打开的市场能维持多久?经验证明,靠广告砸开的市场很难持久。三是做广告的条件是不是具备?做广告条件不具备不成熟,钱就白花了。

这是因为:新产品开发是一个系统工程,广告仅仅是整体中的一个点。要让这个点发生作用是有条件的:

1. 产品要成熟到无可挑剔;

2. 产品要系列化,不能单打一;

3. 价格要适应消费人群的购买习惯和消费能力;

4. 铺货要到位,人们看到广告后要在市场上能找到你的产品;

5. 管理要到位,包括通路顺畅、流程简捷等。

这些事情如果没做好,就不要做广告。

"我可以进大商场啊!"

我说:大商场不是好进的。有些企业为进大商场花上千万元。如今,大型超市采取与企业联营的方式,把你的货卖掉了,30%货款要被扣掉。30%是销售额呀!这就要求你的产品

第八个问题　创业销售的"点规模渗透"模式

要有很大的毛利率，否则，是不够他们扣的。

这又回到了产品的附加值和品牌知名度等问题上。没有这些，不可能有包含很大毛利率的零售价格。

这些"功夫"没修炼到一定程度之前，贸然进入大商场，结果：要么是站不住脚，要么是赔不起。

"我可以与代理商合作啊！"

林总说，我可以寻找代理商，用他们的钱来做市场。

我说：大代理、大批发的观念已经过时了。尤其是对新企业而言，这个传统的渠道已经很难行得通了。

为什么呢？

1. 你的产品没有品牌知名度，也没有稳定的消费群。让代理商拿钱进你的货，几乎是不可能的。

2. 经销商拿了你的货，也不一定好好卖。进了货以后，摆上十天半个月，就放到仓库里了。因为，只要货不快点占据他的货位，那是不行的。货位就是他的资源，他的财路。

3. 代理商多了，就会出现收回货款的困难，产生呆死账。退货是必然的，接着就会发生运输费用和损耗。

三条加在一起，决定了走大代理、大批发的路很困难，有风险。

"我可怎么办呢?"

我说,假定你的产品不错:质量好、市场定位准、包装也有特点等,具备了这些条件之后,这样做:

1. 只做一个点。就先在青岛这个城市做,它就在你的家门口,能把这个中等城市搞定,接着做周边。

2. 代理方式。别指望商家拿钱进你的货,并为此事花费唾沫,对商家要直截了当:代理销售。

3. 直奔终端。组织几个小组,划分区域,像 B-52 轰炸机那样,地毯式轰炸。

4. 局部造势。在当地媒体和终端做少许广告。对贴在商店墙上的广告,要给予奖励:保留一个月,奖励两瓶酒。

5. 推动走货。就是让小老板和售货员推荐,小商店有固定的购买群,老板的话就是"品牌"。

6. 价格策略。产品最好有两个系列。优质的产品的价格要高于同类产品。普通的产品的价格要低于同类产品。前后夹击竞争对手。

7. 拉动批发。前面六项做好了,批发商会主动找上门来。只要他有积极性,事情就好办。

——林总点头,几分释然的表情。

第八个问题　创业销售的"点规模渗透"模式

（一）对"习惯做法"的分析

产品弄出来了，兴奋之余，压力如同一片乌云向你袭来：怎么把它卖出去呢？

尽快把产品卖出去的强烈愿望，加强着你的急迫情绪，导致你在指导思想上进入死亡之谷，在销售实践中走上了不归之路：

1. 在销售布局上，多多益善

这时候的你，站在大地图前面，看着幅员辽阔的中国版图，有着无限期待、无限遐想。多大的市场啊？如果占领十分之一就不得了了。千万人口的城市，只要1 000个人中有一个人买我一个产品，那我就赢定了。

于是乎，一个"村村点火，处处冒烟"的网点布局就形成了。"一炮打响，一战得胜"的计划开始实施了。

这时的你，看着巨幅地图，大可做"运筹帷幄"状，也同时找到了"领袖"的感觉。

2. 在指导思想上，追求销售额

压力转化为情绪上的急切，表现在强烈追求销售额上。于是乎：

——在销售方式上有奶就是娘。只要能销，怎么干都行；只要能销，谁来干都行；只要能销，可以不计成本；只要能销，甚至可以没有章法打乱仗。至于销售管理，也暂时顾不得它了。

——在通路选择上有路就去走。检索自己的关系网络，不管它是不是专业，有没有这个能力；不惜花钱做广告，诚征经销商或代理商；参加博览会，指望找到大代理商。

——对于有代理意向的商家，不管他有没有实力，守不守信用，都不在考虑范围之内了，先把货发给他再说。

3. 在具体做法上，沿袭老一套

面对销售，你这个老板所能够想到的，都是你过去看到、感受到、听到的别人的做法。和"大红樱桃高高挂"中的"林地主"差不多。

无非是"打广告"、"找批发商"、"找省级代理"及"进超市"，还有什么呢？再有，就是那些时髦的"做品牌"和"培育市场"等不着地的观念。

4. 这样干的结果呢？

——赔了夫人又折兵。比如，花了几万元参加博览会，没有碰到想象中的经销商。登了"诚征"广告，打电话的大多数是骗货的主，更多的电话是向你销售。

——失去销售的主动权。面对销售终端，有劲使不上，如同隔靴搔痒。比如，你把货给了商场，几个月过去了杳无音讯。等你去问，他要折腾好一会儿，才能把你的货翻出来。

第八个问题 创业销售的"点规模渗透"模式

——销售成本大于销售额。派出的销售队伍,半年下来一算账:卖出去的货款还抵不上费用。这时候你会想:是产品不行吗?还是这帮小子不卖力,还是藏着什么猫腻,你无从考察。

——没有销售回款的回流。在全国范围内,总是可以找到若干家代理商家。货是发了,没有回款。打电话找不到人。找到了人让你先开增值税发票。干脆去人吧,一算账,费用与货款差不多。

总　结

初学乍练做市场,难免沿袭老套路,导致创业销售失败。直接原因,是由"急切"而产生的错误做法。深层的原因是不知道创业销售的特殊性。创业销售的特殊性是什么?

二、创业销售的特殊性

(一) 营销总监的创业营销

销售总监的销售生涯顺风顺水,两年实现"销售增长20倍"。相反的结果,则在"总监"做自己企业的销售之后发生:

产品上市后，他突然发现：自己不会做市场了。面对自己嗷嗷待哺的小公司，原有的方式都不管用了。能为别人卖出几十个亿，却不能给自己卖出几万元。

他忽略了成绩后面的企业基础，这些在他看来很不起眼的东西：人员素质、工艺水平、生产设备、产品质量、产品成熟度、市场定位及客户基础等。

★案例2：销售总监创业失利★

王峰，在一家食品机械公司做销售，两年后被提升为销售主管。接着成为了销售总监，当年销售额增长1倍。2006年年底，他晋升为公司副总经理，主管市场销售。三年时间，销售额增加了20倍。他成为了该公司的副总裁。

踌躇满志开创大业

王峰认为老板抠门，销售额三年多增长20倍，自己的收入才增长两倍；还认为老板的承诺不兑现，老板曾说过经理人持股问题，可是至今却没见到踪影。

于是王峰萌生退意，志同道合者鼓动吹捧。几个朋友一撺掇，王峰决定自己当老板做大事。几轮磋商，决定做烤肉机。

事情如麻困难重重

事情并不像想象的那么简单。一到真正创业才体会到创业是如此艰难。

第八个问题　创业销售的"点规模渗透"模式

1. 在产品设计中，由于对餐饮行业机械产品管理的规则不熟悉，走了许多弯路，耽误了许多时间。

2. 原计划申请环保专利产品，但专利的申报迟迟批不下来。样机生产出来了，但专利和产品批号下不来，销售不能进行。

3. 大大小小的琐事都要亲自处理：工商、税务、劳保、卫生、环保、市容、街道、消防等一切衙门都得应付。

4. 企业内部更是乱如麻：研发、设计、生产、管理及采购件件都顶到了鼻子上。市场推广、招商筹备、人员培训、厂房改建、仓库管理及工资管理交织在一起，错综复杂。

王峰变得焦头烂额。

销售问题接踵而至

第一批产品生产出来后，销售不顺。由于是新产品，客户根本不认，经销商也不敢进货。原来对餐饮熟悉的投资人，很卖力地到处推荐，但只有几个答应可以留下来，而且也只是免费试用。

由于销售不畅，连续三次提高销售提成，公司的收入还不够制造成本，整个赔本赚吆喝。

产品终于卖出去 12 台，是一家新投资的烧烤店，由于价格便宜，所以对方接受了。但对方也是新创业，先支付了

60%的款项。

　　烧烤店开业第二天就开始投诉，列举了烧烤机的四大问题。王峰赶紧派人去现场察看。有些是机械故障可以维修，但有些是设计问题，无法维修。这些设计问题导致客人确实不方便就餐，甚至影响客人的安全。几经协调，烧烤店老板还是不依不饶。最终是余款不要了事。

　　烧烤店的事情平息了，产品本身的问题暴露出来了，库房的200多台不能继续销售了。只能重新开始新产品的设计。

　　遭遇了现金流紧张

　　新的产品设计出来了，原来筹集的300万元却已经用尽。赊欠的钢板的钱还没有还，钢材公司的销售老总是王峰的朋友，王峰向他求救，再赊欠一批，朋友说："你可要尽快还款，不然我的饭碗就不保了。"

　　资金紧张引发了一系列问题。员工的工资发不出来，销售人员的通讯补助、交通补助不能兑现。上半年的房租需要支付了，还有水电费及各管理部门的费用等。这时，所有的规章制度都失效了，王峰如热锅上的蚂蚁。

　　千方百计融资失败

　　三个股东被叫到一块商量对策，决定按比例再投入一笔资金50万元。这次，王峰几乎把家底子全给掏了出来。

临近春节，王峰发了拖欠工资的60%，剩下的10多万元，连维持一个月的日常运营都不够。

春节后，上班的员工不到一半，3月初，只有两位财务人员和两位库管员还在上班。

这期间，王锋也尝试着能否代销一些自己熟悉的产品渡过难关，但余下的现金不足以支撑他做经销代理。

变卖失败不得不破产

融资没希望了，几位股东商量，把公司卖掉算了。有的表示卖500万元，有的希望收回投资就行。有人要买，却只出10万元。可真正一谈，又都变卦了。

最后联系了收破烂的，处理了剩下的200多台烧烤机，两万元。

（二）对"创业营销"的分析

——创业销售的特殊性："十个没有"

创业销售有它的特殊性。特殊在哪里呢？是与运作多年而稳定发展的企业的差别。表现在"十个没有"。

1. 没有品牌及知名度

没有历史，哪里会有知名度？没有知名度，就没有认知度、美誉度及忠诚度。经销商凭什么相信你？用户何以从千百种商品中辨认你、选择你？

2. 没有清晰的市场目标

当然了，产品开发前，目标群体是有的。但准确与否，只能在市场销售的实践中得以确定。否则，很可能是一厢情愿。

3. 没有自己的销售渠道

不知道自己的产品可以走通哪条通路，适合哪种渠道。当然也没有自己稳定的经销商、代理商和销售终端。也没有与他们打交道的经验。

4. 没有自己的销售队伍

销售队伍是销售主体，是销售战略实施的载体。这支队伍的产生要有个过程，这个过程也只能是在市场第一线的打拼中，才能稳定和成熟。

5. 没有销售管理的经验

销售管理是实现销售目标的系统软件。这个软件必须体现企业的实际情况。一套简单而实用的管理体系，不是一蹴而就的事情，同样要在销售实践中形成。

6. 没有稳定的价格体系

价格体系，包括零售价格、经销商价格、代理商价格及区域价格。还有与一次性批发数量相联系的优惠价格等。

价格体系一经形成，必须稳定，尤其是不能随意降价，导致伤害经销商和串货的事情发生。适合市场状况的价格的形成，也同样不是一日之功。

7. 没有独特的产品概念

好的概念，一个词或一句话，就能体现产品的品质，突出与同类产品的差异，能与消费者内心的需求相呼应。

这个东西看上去虽然简单，但需要在销售实践中反复琢磨。一旦有了这个东西，做广告、设计包装以及写产品说明书，就都有了统一的说法。

8. 没有很好的产品包装

好的包装，是能够在第一时间抓住消费者眼球，能够反映产品内在的品质的。

好的包装要大气，要精致，要有正规感；不一定漂亮，但必须有特色。要么土到一定程度，要么洋到够时尚。这样的包装，可能需要多个设计。

9. 没有足够的产品系列

不论是创造企业形象，还是降低销售成本，还是在销售终端占据市场，还是有意识地运用价格差别的策略，还是给购买者以挑选的余地，都需要产品的系列化。

形成系列的办法，可以通过产品重量、剂型和功能的差别来实现。到底如何实现，需要在与市场和经销商的磨合中来完成。

10. 没有足够的宣传资金

大企业把销售额的一个百分数，固定用做广告费。费用多少与销售额对应。人家是做得起，我们做不起。少量投放没用，大量投放没钱。

还有，在媒体的选择、投放的数量与时间及广告内容的创意方面，大企业有经验，我们缺乏。

特别重要的一条是，新企业可能并不具有投放广告的基础条件。比如，铺货的面积、产品的质量及功能的可靠性等。

总　结

与老企业比，没有的东西，不止这十个。比如，没有稳定的销售流程，没有多年交往的大客户，没有几个铁杆客户。

这里，要让创业者知道：别人有的你没有。这，就是你的"实际"。这，就是你的特殊。这，就是创业销售失败的原因。

"知己者明。"清醒地认识自己的弱势，才能从实际出发寻找办法。"情况就这情况。"知道了这"情况"，才知道应该干什么。

干什么呢？

三、建设营销的基础

创业销售的十个没有，是营销的基础。基础分为两部分：

第八个问题 创业销售的"点规模渗透"模式

一是直接面对市场的基本构件，二是支撑构件的基石。

（一） 五个构件

1. 想好一句话

产品是一把剑，卖点是它的"尖"，用它的锐利，点开消费者的心，捅破他的腰包。找到它，是销售成功的"无形利剑"。

它的神奇来自简洁而富有魅力的一句话或一个词。一句话说出它的优秀品质，道出它的与众不同，撞击人的心灵感应。

有了它，内涵得以显露而有了灵性，品质得以提升而有了几分神奇，特点得以突出而有了几分诱惑。有了它，是给了你的目标客户一个买你的产品的理由。

这句话要好懂、好听、好记，如果有几分幽默就更好了。

★案例3："女人头等大事，岂能帽不惊人！"★

这是我的产品，便携太阳帽的广告语。

没说这个帽子是开闭自如、小巧玲珑、便于携带，因为这些特点一目了然。这句广告语仅仅是抓住了女人追求时尚、追求衣着个性、期盼有人注意、产生惊人效果的心理。

把它做成条幅，在旅游景点与庙会等场合，悬挂在两棵树中间，下面拉起三条绳子，把张开的帽子挂上去，很是招摇，很是抢眼，还经常引来一些媒体照相。

就这个词而言，要说有什么可以借鉴的话，那就是应不拘泥于你为之骄傲和钟爱的那个核心优势，从买者的心理需求出发，揣摩出女人不愿意说出来的需求点，并与你的产品的某种特性相联系。

2. 起个好名字

把产品、商标、企业名字统一起来好处多多；借知名资源来命名是传播的捷径；用产品用途命名最便于识别；用产品特点命名则容易区分同类产品。

★案例4：做足益佰★

我闭关到烟台海边，晚上散步经过"做足益佰"，我从来没进去过，但我知道它是做什么的：

"做足"——做足疗保健，脚底按摩的；

"做足"——做得很充足，很圆满，很到位，很专业，任你去想。

"益佰"——有益处，有好处，当然是对身体；

"益佰"——益处多，多达一百，很多的意思。

3. 做个好包装

一旦做企业你就必须研究包装。少许用心，你就会得出这样的结论：它对产品销售的影响太直接了，与产品有关的几乎一切重要的东西，都要通过包装来显示：

优秀的内涵、鲜明的个性、价值的感觉、企业的正规、做事的精心等,都会通过包装被人感觉到。

还有,在柜台和卖场,产品是不是醒目、占位、有视觉冲击力,也要靠包装的个头、色彩、新颖、情调、设计独特来实现。

你经过了长期的努力,成功地完成了产品的研发,好比是等了18年的大姑娘终于要出嫁了,却光着屁股跑了出去,这成何体统。怎么就不能花18天时间把自己修饰一番,漂漂亮亮、光彩照人、体面大方地把自己嫁出去呢?

★案例5:包装产生两个定位★

"老蜂农"的创业者,在几乎没有任何广告、没有自己的销售网络的情况下,靠精致的产品包装产生的魅力,成为了销售的推动力,靠自然销售而滚动发展,五年获利500万元。

项目启动前,创业者发现,没有针对女性白领阶层的蜂蜜品牌。白领对蜂蜜产品的心理需求是没有得到满足的。迎合白领女性对蜂蜜产品的需求的背后,是将产品提升到心理需求的层面。而这个精神层面的感觉,是通过精美的包装完成的。

包装设计就从老蜂农这个个性化形象入手。体现了这样几点:

1. 信赖。通过一个神态自若的老蜂农的形象,让消费者感受到老蜂农是来自深山老林的，可信赖的。

2. 形象。寻遍了古代养蜂人的形象，从水浒传的人物中获得灵感。消费者喜欢这个形象，就会喜欢这个产品。

3. 时尚。古老形象的产品要有现代气息。从而采用了德国版画的表现形式。包装瓶的外形，是从一个日本咖啡设计中得到启发的。

4. 细节。顾客购买产品，看到包装的每一个细节做得都很到位，就会认为这个产品全部都是好的。"窥一斑而知全豹"。"老蜂农"三个字，请了以圆润秀丽著称的名人书写。

耳目一新的产品定位和包装，让经销商看好销售前景，从而他们愿意投资开发大商场的费用。好的包装成为广告。产品陈列在沃尔玛，就有香港的经销商主动找上门来。

4. 一支好队伍

建设"精干、高效、忠诚、稳定"的销售队伍，是不可能回避的基础工作。靠什么才能达到这样的目标呢？

首先，要培养起销售人员对自己产品的热爱。让他们知道产品开发的艰难，理解产品的优秀内涵，相信它能够给顾客带来实惠。

其次，是要让销售者把卖产品当成事业目标。要设计完整的薪酬体系。销售提成随销售额递增，增加到让销售者觉得可以为之奋斗终生的程度。

最后,要为销售人员达到目标创造条件。定期培训,以交流开拓市场的经验、与经销商打交道的经验、临门一脚的经验及竞争对手的经验等。

5. 一套好制度

控制销售系统,要通过制度这个"软件"来完成。

符合实际的制度,要在实践检验中不断地修正。我的经验是,一套适用而稳定的销售管理制度,没有1~2年持续的销售实践,是不可能产生的。

创立制度的顺序要先大后小。大的制度是组织:业务部门是什么,负责人是谁,有什么权利,负什么责任,拿多少工资和提成。然后是设计流程。

大制度建立起来之后,才可能逐渐产生小制度。发货制度、结算制度、奖惩制度等。

制度要简单。每个制度都不能超过半页纸。超过了,说明对这个制度所要解决的事情还不清楚,不得不东堵西防写一大堆。

★ **案例6:怎样是简单的呢?** ★

"销售基数10万元,提成2%;每增加1个基数,提成增加1%。"得,这账谁都会算。

谁来监督呢？

至于监督，上一个环节必须做好自己应做的，并由下一个环节负责监督。上一个环节出了问题，由下一个环节负责。

比如，产品出来后进库，库房是生产流程的下一个环节。质量就由仓库管理员负责检验，质量出了问题，拿仓库保管员是问。

（二） 四块基石

这里说的"四块基石"是产品的"功能、品质、成本及系列"。这"四块基石"是销售的基础。没有它，销售的一切努力都不会产生作用。用我最常说的一句话，"东西不行，说啥都没用"。

"销售"、"构件"和"基石"的关系可以比喻成：舞台、剧本和原著。

销售舞台演出的效果取决于剧本，剧本的好坏取决于原著。"市场销售"是舞台演出，"构件"是剧本，"基石"是原著。

"通路"、"构件"和"基石"的关系可以比喻成：道路、支架和地基。

销售通路是高架路，构件是支撑高架路的骨架，基石是骨架下面的地基。

第八个问题　创业销售的"点规模渗透"模式

1. 功能

产品的有用性。要么满足人与社会的恒久需求，要么满足潜在需求，要么满足社会某个领域、生活中某个方面的需求，要么满足某一部分人的特定需求。总之，你的东西必须是：影响、吸引、制约他人与你进行交换的资源。

2. 品质

产品在满足需求这一点上应是有很大优势的。要么是先人发现，别人没有的；要么是有某些特点，某些独特优势的；要么是功能强大的，在相同功能中有强人之处的；要么是价格低廉的，降低成本有绝活的，等等。

★案例7：只要看到这套刀具……★

一位破产的老绅士身无分文，流离失所。但他怎么也不愿意和他的刀具分开。

有人好心劝他卖掉刀具，老绅士拒绝了，理由是"只要看到这套刀具，我就觉得我还是个有钱人"。

这是一套"双立人"刀具。

它于1731年诞生在德国索林根的一家教堂。它是你能触摸到的人类最古老的商标。

后来双立人进入中国。单店月销售超过20万元。在中国中高档刀具领域，双立人没有任何敌手。

在双立人成功的光环背后，是对质量锲而不舍的追求。终生只需磨两次。

3. 成本

创造某种功能的耗费。多好的东西都必须有合理的性能与价格的比较。

左右两边限制着你的成本：一是与同类产品比较；二是与近似功能的产品比较。上下两头制约着你的成本：一是效用与消费者的心理价值评价比较；二是与目标对象的货币支付能力比较。

四个比较、四个限制，决定着你的成本，必须将成本控制在目标消费群能够接受的程度。

★案例8：倒推价格，控制成本★

浙江某打火机生产企业，一反由成本利润推算出市场价格的传统思维，首先给产品制定了极富市场竞争力的价格：1元/只。

确定价格后，除去让给中间商的利润和企业所应获得的利润，推算出打火机的目标成本。再将这一目标成本分解到每个部件上：打火石、导管、外壳。

4. 系列

产品必须形成一个系列。只有一个产品会有许多问题，最

第八个问题　创业销售的"点规模渗透"模式

直接的问题就是综合成本高。刚开始可以先搞出来一个核心产品，接着就要从功能分解、功能延伸、型号、剂量、包装等手段，让产品形成一个系列。

★案例9：系列化打败对手★

二杠酒是东北的名酒，深受当地百姓的喜爱，邻省的一种叫官叶的白酒杀入该地区。官叶酒的质量、口味与二杠酒极其相似，价格却低一元。

于是，二杠酒公司拿出了令人意想不到的策略：

原二杠酒的价格不变，推出一种比二杠酒高出两元的头杠酒，又推出比对手官叶酒低三元的三杠酒。把它原来的一种价格分解为代表不同档次的三种价格，实施对竞争对手的围攻。

二杠酒没降价，维护了公司形象；推出了更高档的头杠酒，使对手沦为一种普通品牌；推出的更低价格的三杠酒，更夺回了对手已占去的市场份额。

两年后，来势凶猛的官叶酒灰溜溜地退出了该地市场。

总　结

功能、品质、成本、系列这四项，不属于销售领域。讨论销售问题，通常不把它作为讨论的对象。但是，对销售的实现而言，四块基石是最关键的因素，是最重要的条件，是最有力的竞争手段。

从这个意义上说，四块基石，既是销售的利器，又是销售的基础，还是基础的基础，能够稳定销售架构乃至企业的基础。

四、创造可持续的条件

上面，把创业销售失败的原因，归结为新企业销售先天不足这个特殊性。特殊性是与老企业相比较的"十个没有"。怎么办？补上"不足"，达成"拥有"。

没有销售的不间断的进行，就没有认识问题、发现问题的条件，就没有解决问题的时间和空间，没有展示销售思路、检验销售方式的机会。离开销售实践，说什么都是白扯。

销售实践是达成"十个拥有"形成销售基础的条件。这个结论，把问题引到"创造销售可持续的条件"上来。

可见，销售基础只能在"销售的持续"中创造、形成和确认。怎么做到"销售的可持续"呢？

（一） 销售的低成本

"创业销售"开始面临的问题，个个关系着成本：

"远"与"近"。开辟远方市场，还是开辟就近市场？

第八个问题　创业销售的"点规模渗透"模式

"大"与"小"。选择特大城市，还是中小城市？

"点"与"面"。在多个城市设点，还是在一个城市设点？

"多"与"少"。开一条通路，还是开几条通路？

还有，参展与否？进场与否？铺路与否？广告与否？都关系着销售成本。孤立地对待每一个问题，都会陷入两难境地。困难与解决困难的办法同在。

一定要有一个综合解决的办法。

（二）　货款及时回流

销售终点是货款的回流，这是销售得以持续的条件。回流问题是赊销问题。只要销售，必定面临"赊销"。

你不是品牌，商家进货只接受"代理"方式，否则就不跟你玩。老板的两难境地是要么让销售在"代理"面前戛然而止，要么接受因代理而不能回款的风险。这是个你很难改变的存在，很难破坏的游戏规则。

怎么办？

我们能做到的是，通透销售过程的各个环节，弄清楚妨碍正常结算的原因，创造出不使销售款呆死的条件。

1. 首先是基础因素

——产品好。质优价廉适销对路，你的货在商家那里走得快，他有钱赚他高兴。你就是他的爷，他巴不得坐飞机来给你送钱，快快发货。

——形象好。如果他认定你是大厂家，就不会跟你玩猫腻。要做到这一点，质量包装、销售人员的形象、交往的规范化、审视的交往方式都是必需的。

——小批量。只要他那里有货在走，你就要按合同规定，在与其结算前期货款的同时，及时发货。在策略上，供货批量要小一些，结算周期要短一些。

——短距离。企业地址与商家的距离越短越好。不时地打个电话，过去看看，关心一下走货情况，问问要不要调货，消费者有什么反应。

2. 其次是全程管理

——改变以销量论英雄的观念。不能仅以销售量考察业绩，而必须对销售回款进行考核。

——规范业务流程。从开发客户、签订合同、组织发货、回款到账，每一步都要列出来。上道程序由下道程序的人员负责审核。

——信用资信分析。分析客户的经营时间、经营状况等，对客户资信作出大致的判断。并分为不同的风险等级，针对不同等级采取不同的发货政策。

第八个问题　创业销售的"点规模渗透"模式

——建立预警机制。采用限期回款制，比如产品给了零售商，到了第十天结清货款。如果拖欠，第十一天发催款通知书，第十五天清货。

★案例10："爱国者"不做要账鬼★

1999年，华旗做了一件大事：所有交易实行"现款现结"，不再做"要账先生"。

此举很快在中关村掀起轩然大波。一家很大的PC工厂经理气呼呼地打来电话："连英特尔都给我15天账期，三星都给我放账，你凭什么这样对我？"

在他们看来，渠道商分两类，一类是健康成长的，看重产品的性价比和服务，如果性价比和服务足够好，不排斥现款现结。另一类处于资金流不健康的状态。将就他们，华旗就要垮掉。

令人高兴的是，15天是中关村货物的周转期，过了15天，渠道商手中的库存消耗掉以后，还是要来找华旗。

现款现结给华旗自己的压力更大，迫使其拿出比竞争对手更好的产品和服务。

正因为他们坚持了这一渠道财务策略，才保证了目前的良好运营。

总　结

如何及时回笼货款？有两条。持续条件中的低成本，一个综合解决的模式。

五、点规模渗透的模式

★案例11：生死存亡大决战★

话说 20 世纪最后一个冬夜，我作了一个梦：

梦中的我，背上压着装满东西的编织袋，在攀登，没有休止的攀啊登啊。这山满是荆棘和陡峭的岩石。是这样攀啊登啊，没完没了。

突然我看见了山顶。我如释重负地放下编织袋，正在这时，灌木丛中突然蹿出一条蛇，一口咬住了我的脚脖子。吓醒了。

梦中的情景映照出了生活的真实：一个项目的开发进入第三个年头，陷入了进退维谷的境地，在干与不干的徘徊中煎熬。

由于发现了新的开发模具技术，该新技术是用注塑件代替原来的金属冲压件，材料成本可以下降 80%。大好事啊！但是，却不能投入生产。

第八个问题　创业销售的"点规模渗透"模式

为什么呢？

第一代产品还有32 000件的库存。不把它消化掉，生产第二代产品就没有资金；不把它消化掉，第二代产品一露面它就废掉了。能不能卖掉这批货就成了这个项目存亡的关口。

怎么卖呢？

两年了，各种各样的销售通路都走过了，各种各样的销售方式都试过了。从海南岛到大庆建了7个办事处。销售成本大于销售收入（12：10），如果我把货扔到江里，还赚了销售成本大于销售收入的两万元的"差价"。

只有毕其功于一役，背水一战，把一切资源集中起来握成一个拳头，专打北京一个市场，由我赤膊上阵。

正月十五那个漆黑的傍晚，一辆12米长的载重大货车，向着北京进发。从那时起，到7月初的一个上午，一辆小卡车把6 000件产品"兜"走为止，历时五月，32 000件产品销售告罄：销售数量等于前两年的总和；销售成本相当于前两年的1/17。

最后一批货出去的那天下午，我走进了一家洗浴中心，看着自己黑瘦黑瘦的脸，一种莫名其妙的酸楚在心中涌动。看着磨破了底的皮鞋，突然百感交集，眼泪不由自主地流了下来，此时的我多想放声大哭一场……

这是一段惊心动魄的历史，绝路逢生的幸运，死打硬拼的奇迹，厚积薄发的辉煌。

它是在漫漫长夜里苦苦摸索，终于见到了黎明的曙光，顿觉豁然开朗。它是在满是荆棘的陡峭山坡上攀登，忽然发现到了山顶，顿觉如释重负。

北京之战的辉煌看似偶然，其实，是厚积薄发的临门一脚，是十年来从不停顿的探索创业销售问题的最后结果。这个结果，是新产品销售的综合性解决之道。我把它称为："点规模渗透。"

（一）什么是"点规模渗透"

1. 什么是点

"点"，就是一个城市。首先是你所在的城市——符合"先做近，后做远"的原则。取得局部经验后，则是大城市：北京、上海、广州及重庆这些"02"头的中心城市。必须是一个，且只能是一个。

"点"的含义是集中。把你有限的资源集中于"一处"。具体到把你的仓库储备、人员食宿、通信地址、电话传真、运输工具、包装材料、包装设备及办公地址等，通通集中在一个城市，一个院子里。

2. 什么是规模

"规模"是终端铺货的广度和深度。

广度，就是在一个点上开辟多条通路。比方说，做透了小商品批发市场，接着做专卖店，再做大商场，再做展销会，总之，把适合自己产品的通路都做起来。

深度。就是把每一条通路都做深做透。比方说，北京的小商品批发市场有50个，那就在每个市场里都落实一家代理，在这一条销售渠道上不留空隙。

通过在广度上做全，在深度上做透彻，达到最大限度的终端铺货：东西南北的方位终端，大小高低的层次终端，全都铺到不留死角。

3. 什么是渗透

"渗透"，是吃定一个地方的战术。利用"点"创造的集中的条件，不靠做广告，不通过代理商和经销商，而是靠自己的销售队伍的两条腿和公共交通工具，从代表厂家的经销点，直接与销售终端连接。

这个过程像扫楼一样"一个也不能少"；像B-52一样地毯式轰炸，把目标区域翻地三尺；像蝗虫吃庄稼一样，吃它个干干净净；像蚂蚁啃骨头一样，从一端到另一端。

★案例12："一图三表"的简单管理★

在北京南三环刘家窑的一个院子里，有个仓库，那就是我的办公室。墙上挂着一巨大的北京地图，地图上有不同颜色的点和阿拉伯数字的编号。这就是我的管理工具。有了它，全北京的销售就一目了然，成竹在胸。

一种颜色代表一个渠道，这种颜色的点，代表已经开辟的终端。

开始是开通新市场，接着是拓展和送货的结合，再接着是开拓—送货—续货结算的同步操作。

渠道负责人叫"路管"，他根据每天汇总的情况，做出统计表。

1. 拓展的点（附合同）；

2. 铺货的量和日期（收货单）；

3. 要求续货的点（电话记录）；

4. 续货的执行（前期货款结算单）。

我根据每天的统计表，画出2~3张线路图，早上交给出发的司机（兼业务员），叫《日任务书》，完成指定项目，按照划定的顺序行走——"不漏户，不走回头路"，节省时间和费用。

有了线路图和《日任务书》：执行人任务明确，当日要向"路管"汇报。

我靠一张地图和三张统计表做到了情况明，管得住，有效率。

第八个问题　创业销售的"点规模渗透"模式

（二）　三者之间的关系

概括：以"点"为基础，透过"渗透"的办法，实现终端铺货的"规模"。

是"点"创造的与终端的短距离，是低成本提供的充分的时间，使运用这种策略成为可能。渗透的持续，使规模成为现实。

★案例13："虹吸"★

"虹吸"，是让液体经过高于自己的液面的位置，把液体引向低处的现象。是能够让液体自己通过高处的阻隔，自动地流向低处的一个现象，即"虹吸现象"。

1. 渗透是虹吸现象

销售的"渗透"方法，类似于"虹吸"现象的原理。

"虹吸"，是把曲管的两头插进高、低两个液面。只要管子处于真空状态（包括充满液体），不论中间有多少阻隔，流动都会自然发生。

"渗透"，就是这根曲管。产品，是管子里的液体。要想让管里的液体自动流动，就要把管子的两头分别插入两个进液面——企业和终端。

管子一端插入企业，插入企业的工程是建设创业销售的基础。基础做好了，就创造了企业这一端的高位置。管子的另一端插入终端，插入销售终端的工程是铺货。

于是，"企业液面"与"终端液面"连接，"虹吸现象"就发生了：企业，以其"高位"推动产品"水流"慢慢流动。流动的水，以其自身之"力"，拉动着产品水流的自身。产品的水流就这样持续不断地"流动"起来。

2. "点"决定着"渗透"

"点"创造了短距离。"虹吸现象"的原理还告诉我们，管子不能太长，长了，"虹吸"作用的"力"会被"摩擦力"抵消掉，使"虹吸"的效果打折扣。"点"，制造的"短距离"，使得"虹吸"效应产生。

"点"创造了长时间。"渗透"是具有蚕食特点的行动，这样的行动需要时间。而时间联系着费用。费用很大，则渗透不可能。是"点"创造了低成本的条件，可以让"渗透"慢慢地完成。

3. "点"决定着"规模"

"规模"的产生是"渗透"的结果。是在一条通路上持续的渗透，是在不同通路上持续的渗透，使大量铺货的"规模"得以产生。

第八个问题　创业销售的"点规模渗透"模式

总　结

可见，"点"，决定"渗透"。"渗透"，决定"规模"。"渗透"是连接"点"与"规模"的中间途径。

六、点规模渗透的神奇

仅仅在一个城市折腾，看上去销售规模小，其实是大；看上去"很慢"，其实很快；不仅快，更重要的是：它是解决创业销售的一系列问题的综合解决之道。

★案例14：帮我表弟"炒"瓜子★

我舅舅七十大寿，我本来可以不去，尽管他打电话说我是他们村的"名人"。去了，是因为他儿子弄了个炒瓜子的作坊，两年来半死不活的。希望我回去一趟，给他的"工厂"想点法子。

我仔细了解了作坊情况、产品情况、市场情况、同类产品的情况。总之，与瓜子有关的情况，要听到看到，还要了解内情。把这些做完了，办法自然就有了。

1. 他的作坊和产品

作坊在县城边上，设备简单，受销售局限，开工的时间还不如停产的时间多。

关于瓜子。尝了又尝，没感觉特别好吃，也没感觉特别差。问题是大小不均，嗑了几个后，手指肚就留下了淡淡的黑色。

关于包装。皱巴巴的低档塑料小口袋，"大瓜子"四个字模模糊糊，向日葵的图案不是金黄，而是红得发紫。

关于销售。由于包装太差，没有知名度，县城商场不接受，只能在小卖店里卖。

2. 市场和竞争对手

当地的瓜子，两家卖得不错。我暗访了这两家瓜子厂。

魏家瓜子有十多年的历史，在当地瓜子中最有名，位于两条主干道的交叉处，位置好，人流量大。生产的品种有五香、鸡汤等十几种风味。店门外一字排开十几个大玻璃缸，卖得不错。十年来都是前店后厂式的小生产商。

刘家瓜子是一个以刘姓为主的村子，10多家小厂的总称。他们以批发散瓜子为主。

两家的共同缺陷：卫生条件太差，工人穿着脏得不堪入目的工作服和黑乎乎的鞋子，在瓜子上踩来踩去。炒熟后往满是土灰的地上一倒，汽车扬起的尘土扑向无遮拦的"五香"和"奶油"。

3. 分析对手的"情况"

魏家瓜子品种最多，名头响，但偏安一隅，胸无大志，构

第八个问题 创业销售的"点规模渗透"模式

不成竞争对手，可以不予理睬。

刘家瓜子在当地市场有名气，与本地批发商关系牢固，质次价低。

两家共有的软肋是：品牌意识差，只求把产品卖出去，不求顾客认可他的牌子；销售渠道单一，就靠几个批发商和零售点维持；营销手段几乎没有。

"这么说，我干掉他们的机会是很大的了？"表弟听了我的分析，看到了希望。

4. 一个综合解决方案

——只炒三种瓜子。五香、甜味和原味瓜子，这三种是消费者最喜欢的口味。

——挟经销点以令批发部。直接向星罗棋布的经销点供货，再挟经销点以令批发部。

——树立形象。把"壮壮"既作为企业名又作为品牌名。定位为："干净的瓜子、好吃的瓜子、大大的瓜子。"专门选内蒙古出产的、个大籽实的瓜子。

——改进包装。设计符合产品形象的产品标志。对各级经销商，订制10斤、20斤、30斤装的可回收的大包装，印上醒目的大字："干净的瓜子、好吃的瓜子、大大的瓜子。"

——小包装促销。刮卡兑换瓜子，兑奖率为20%；积分卡，积分兑换瓜子，设卡率为30%；卡通卡，让小孩子收集玩游戏，设卡率为30%。

——宣传单。让消费者知道他们以往吃的瓜子是如何地脏，而"壮壮瓜子"是如何地让人放心。"老板，俺在你店里贴宣传单，赠你两袋瓜子！三个月后如果这个宣传单还在的话，再赠你5袋瓜子！"农村人实在，又有瓜子获赠，没有一家店不同意。

——请卫生部门监督。这样的事在当地很是新鲜，有关部门都没碰到过，不好拒绝。再到报纸、广播电台公关了一番。检查那天，有关部门对他们的卫生状况赞不绝口。老记们又专门到另两家对比了一番，稿子发出来后，"壮壮"瓜子在本地的知名度坐着火箭往上蹿。

（一）两大神奇

1. 似少则多

只做一个点，是不是很慢呢？有意义的是终端的"量"。做透一个"点"的终端数量比十个点还多。尤其是做一个大的"点"，一个最大城市的人口，是一个中等城市人口的十倍，其购买能力是中等城市的百倍。

"点"的减少会使销量增加。因为一个点上的渠道数量会比十个点还多，每一条渠道上的销售终端的数量，也会比十个

第八个问题 创业销售的"点规模渗透"模式

点多。结果是一个点上的销售额比十个点还多。说到底，是集中的优势——深度、广度和力度，带来了无可估量的效率。

2. 似慢则快

一个一个地去跑很笨吗？不通过中间商，靠销售人员的腿，去找去跑，看上去很"笨"，其实，做一个落实一个，一天一个，一个月就是三十个。

在持续的高力度的运作中，才能够把市场吃深吃透。假如一个省会城市有1 000个销售终端，如果你不具备在低成本条件下持续地运作的条件，也就没有运作的强度和力度，一年下来只能做到100个。那么10个省会城市的结果是100×10＝1 000个。

如果一个大城市有5 000个销售终端，你集中力量，高强度、大力度地持续运作，一年下来拿下40%，那就是2 000个。这样，一个大城市的终端数量是10个省会城市的两倍。

（二）八大功效

"点规模渗透"的销售办法，解决的实际问题有10个。10个问题，不仅是销售成败，还是新企业存活，进而是创业成败的大问题。

1. 解决资源的有限性

新企业的销售资源极端地匮乏。这个"现实"决定了销售策略，只能把现有资源集中于一个点，创造局部优势，才可能产生出效率。这是弱中求强的明智选择。

2. 在实践中学习销售

把销售集中到一处，并且从一条渠道开始，正是解决"你事实上不懂销售"，而又"必须从事销售"这个矛盾的可行途径。把"干销售"与"学销售"统一在"从小做起"，统一在"集中一点"，统一在"探索前进"的销售实践中。

3. 有效的客户管理

"丑妻近地家中宝。"这个道理同样适用于销售。仅仅是距离"近"这一条，也就是"销售主体"与"销售对象"之间的空间距离"短"，就会对客户的管理带来很大的方便，也使销售管理的效率大大提高。

4. 方便的队伍管理

创业企业的销售队伍是不成熟的；忠诚度是没有经过检验的；老板对如何管理这支队伍是没有经验的；薪酬设计可能是脱离实际的。

在这种情况下，把销售人员分散到全国各地，不闹出乱子才是奇怪的事。如果把他们集中在一起，在老板眼皮底下做事，情况就大不一样了。

5. 降低销售成本

先看绝对成本。开办十个办事处和开办一个办事处，哪个费用低？十个点的费用是 100 万元，一个"点"的费用是 20 万元，绝对成本减少 80 万元。

再看相对成本。单件产品中包含的销售费用。1 万元的成本产生 10 万元的销售额还是产生 50 万元的销售额。反过来说，1 万元的销售额中包含 1000 元的销售成本还是 200 元的销售成本。

6. 减少销售环节

由企业到消费者之间的层次，环节越少越好。

环节越多，流通成本越大，交税次数越多，最后导致零售价格越高。流通成本增加，导致零售价格增高、市场竞争力更低、终端走货量减少。终端走货量减少，还间接地增加了成本，因为摆货位置是其成本。货走得慢，经销商的付款积极性就会下降。回款的时间越长，流通中占用的资金就增多。

7. 终端管理效率

销售集中在一个点，管理者对销售人员的直接管理趋于扁平化，即横向面较大而层次简单的管理。即，

销售主管—销售人员—销售终端

这样，在企业与终端之间只有一个环节：销售人员。全部

的管理是对销售人员的管理。管好了销售人员就管住了终端。

8. 销售回款问题

如果把销售回款的比例加进来,"点规模渗透"的作用就更大了。大到什么程度呢?吓死你:一个点的销售盈利就是十个点的数倍。

怎么会呢?你不妨算算这样一笔账:90%的回款率是什么意思?是10%的呆死账。10%的呆死账意味着什么?是100%的销售利润。怎么会是这样呢?因为,单价中的利润只有10%左右,10%的货款就是100%的利润。

而集中运作,则为解决回款提供了综合解决之道。解决的绝不仅仅是货款回流问题,而是新企业的存活问题。

说到底,"点规模渗透"解决的是创业成败的大问题。

总　结

"点"是基础,"规模"是目的,"渗透"是策略。"点",决定了低成本;低成本决定了"渗透"的可行性;"渗透"又决定了"规模"的实现。